essentials

essentials liefern aktuelles Wissen in konzentrierter Form. Die Essenz dessen, worauf es als „State-of-the-Art“ in der gegenwärtigen Fachdiskussion oder in der Praxis ankommt. *essentials* informieren schnell, unkompliziert und verständlich

- als Einführung in ein aktuelles Thema aus Ihrem Fachgebiet
- als Einstieg in ein für Sie noch unbekanntes Themenfeld
- als Einblick, um zum Thema mitreden zu können

Die Bücher in elektronischer und gedruckter Form bringen das Expertenwissen von Springer-Fachautoren kompakt zur Darstellung. Sie sind besonders für die Nutzung als eBook auf Tablet-PCs, eBook-Readern und Smartphones geeignet. *essentials:* Wissensbausteine aus den Wirtschafts-, Sozial- und Geisteswissenschaften, aus Technik und Naturwissenschaften sowie aus Medizin, Psychologie und Gesundheitsberufen. Von renommierten Autoren aller Springer-Verlagsmarken.

Weitere Bände in dieser Reihe http://www.springer.com/series/13088

Uwe Fahr

Coaching an der Hochschule

Grundlagen und Impulse für Coaches und Hochschulangehörige

Uwe Fahr
Fortbildungszentrum Hochschullehre
Friedrich-Alexander-Universität
Erlangen-Nürnberg
Fürth, Deutschland

ISSN 2197-6708 ISSN 2197-6716 (electronic)
essentials
ISBN 978-3-658-16846-9 ISBN 978-3-658-16847-6 (eBook)
DOI 10.1007/978-3-658-16847-6

Die Deutsche Nationalbibliothek verzeichnet diese Publikation in der Deutschen Nationalbibliografie; detaillierte bibliografische Daten sind im Internet über http://dnb.d-nb.de abrufbar.

Gedruckt auf säurefreiem und chlorfrei gebleichtem Papier

Springer ist Teil von Springer Nature
Die eingetragene Gesellschaft ist Springer Fachmedien Wiesbaden GmbH
Die Anschrift der Gesellschaft ist: Abraham-Lincoln-Str. 46, 65189 Wiesbaden, Germany

Was Sie in diesem *essential* finden können

- Einen Überblick über das hier zugrunde gelegte Verständnis von Coaching
- Eine prägnante Darstellung des akademischen Lebenslaufes zwischen der Promotion bis zur Pensionierung/Emeritierung als Kontext des Coachings an der Hochschule
- Darstellung einiger Themen, die im Coaching im Hochschulkontext bearbeitet werden können

Inhaltsverzeichnis

1 Einleitung

Coaching ist längst zu einer Modeerscheinung geworden. In manchen Arbeitsbereichen scheint es geradezu eine Auszeichnung, einen Coach zu haben. Coaching klingt gut, da es mit Leistung und Spitzensport verbunden ist. Diese angenehmen Assoziationen und persönlichen Aufwertungen stehen oft in einem deutlichen Kontrast zu den in einem Coaching bearbeiteten Themen: Zweifel an dem eingeschlagenen Weg, persönliche Kränkungen, Erfahrungen der Ohnmacht und eigenen Begrenztheit und viele andere durchaus belastende Erfahrungen können in einem guten Coaching besprochen werden. In dieser Spannung stehen auch die folgenden Ausführungen zum Coaching im Hochschulkontext.

Dieses kleine Büchlein wendet sich in erster Linie an Coaches, die sich für eine Tätigkeit im Hochschulbereich interessieren. Sie können hier einige Hinweise finden, welches Hintergrundwissen – speziell aus der Hochschulforschung – dafür sinnvoll ist.

Kap. 2 beschreibt das hier zugrunde liegende Verständnis von Coaching. Nicht alle Coaches werden diesem Verständnis folgen und andere Coaching-Konzepte vertreten. Ziel ist es gleichwohl ein Verständnis von Coaching zu entwickeln, das im Einklang steht mit einschlägigen Publikationen sowie den Aussagen von Coaching-Berufsverbänden. Dabei grenze ich auch das Coaching gegen andere Angebote wie Fortbildungen ab und gebe Interessierten einige Hinweise auf die weiterführende Literatur zum Coaching im Hochschulkontext. Kap. 3 gibt einen Überblick über die Besonderheiten des Feldes Hochschule. Die Darstellung stützt sich auf die Ergebnisse der Hochschulforschung. Sie orientiert sich an der akademischen Karriere von der Promotion bis zur Pensionierung bzw. Emeritierung und konzentriert sich dabei auf zwei große, sehr unterschiedliche Phasen an der Hochschule: der risikoreiche Karriereweg bis zur Berufung und die Tätigkeit in der Hochschule von der Erstberufung bis zur Emeritierung. Kap. 4 geht schließlich

U. Fahr, *Coaching an der Hochschule,* essentials,
DOI 10.1007/978-3-658-16847-6_1

auf einige Themen ein, die im Coaching im Hochschulkontext vorkommen. Diese Aufzählung ist weder repräsentativ noch vollständig, da es keine angemessenen Untersuchungen dazu gibt, welche Themen in Hochschul-Coachings bearbeitet werden.

Coaching im hier beschriebenen Sinne ist getragen von einer Sympathie für diejenigen, die im „System Hochschule" lehren und forschen. Gleichzeitig finden sich auf den folgenden Seiten auch durchaus kritische Bemerkungen zum „System Hochschule" selbst. Beides sollten die Leserinnen und Leser auf den nächsten Seiten in Erinnerung halten: die Kritikfähigkeit gegenüber dem „System Hochschule" und die Sympathie für die Menschen, die darin arbeiten. Sprachlich habe ich mich ganz traditionell für die männliche Form entschieden. Dies soll daran erinnern, dass Hochschulen bis heute von Männern dominiert werden und spiegelt insofern schlicht die soziale Realität wider.

2 Coaching

2.1 Verständnis von Coaching

Der Begriff, mit dem wir eine Sache bezeichnen, ist gleichgültig, solange wir uns darüber im Klaren sind, über welche Sache wir sprechen. Der Begriff „Coaching“ steht mittlerweile für sehr viele unterschiedliche Sachverhalte, Verfahren und Vorgehensweisen. Auf der anderen Seite wird jedoch auch der Sachverhalt, der hier in Blick genommen werden soll, mit ganz unterschiedlichen Begriffen verknüpft. Anstelle von Coaching könnten hier auch die Begriffe Beratung oder Supervision verwendet werden. Daraus folgt, dass ich es nicht vermeiden kann, hier zuerst zu umreißen, wie ich den Begriff „Coaching“ verwenden möchte.

Coaching ist ein *Beratungsverfahren* (DGSv e. V. 2003, S. 4). Es umfasst zwei Rollen: den Ratsuchenden und den Ratgebenden. Ihrem Wesen nach ist die Beratung ein freies Verhältnis zwischen diesen beiden Rollen. Der Ratsuchende kann den Rat annehmen oder auch nicht. Wir werden später nochmals darauf zurückkommen, dass damit Coaching gegen Training oder auch gegen die Begleitung bei Lernprozessen unterschieden ist. Es ist jedoch schon an dieser Stelle deutlich, dass Lernprozesse, die darauf hinauslaufen, dass der Lehrende den Lernenden am Ende bewertet und damit über Zukunftschancen entscheidet, kein Coaching sein kann. Die beiden Rollen werde ich im Folgenden als Coach und Klient bezeichnen.

Coaching ist *prozessorientierte* Beratung. Damit wird Coaching gegen die Fachberatung abgegrenzt. Während die Fachberatung in Kenntnissen eines Fachgebietes fundiert ist – z. B. Steuerrecht, Suchtentwicklung, Antragstellung bei Drittmitteln – fokussieren Coaching wie Supervision auf den Prozess zwischen Berater und Klienten. Coaching ist „professionelle Beziehungsarbeit von Coach und Coachee“ (Klinkhammer 2013, S. 311). Zentral für ein solches Verständnis

U. Fahr, *Coaching an der Hochschule,* essentials,
DOI 10.1007/978-3-658-16847-6_2

ist, dass „bei dem Klienten ein Problembewusstsein vorliegt, aber weder Ursache noch Lösung formuliert werden können. Während des diagnostischen Prozesses nimmt dieser aktiv teil, bestimmt die Interventionsformen mit und behält während des gesamten Beratungsprozesses die volle Problemverantwortung" (Hess und Roth 2001, S. 15).

Coaching beruht auf einem *tragfähigen Arbeitsbündnis* zwischen Berater und Ratsuchenden. Dieses wird zu Beginn ausgehandelt, in dem die Zielsetzung des Coaching geklärt wird. Dies ist eine sehr sensible Phase, da neben einer tragfähigen persönlichen Beziehung auch eine gemeinsame Klarheit über die Zielsetzung des Coachings gewonnen werden muss.

Coaching ist *personzentrierte* Beratung (Straumann 2006). Dies bedeutet, dass im Rahmen von Coaching-Prozessen die Person des Klienten in den Mittelpunkt gestellt wird. Ihre Sichtweisen, die Voraussetzungen dieser Sichtweisen, daraus erwachsende Problem usw. gilt es zu verstehen. Eine besondere Rolle spielen dabei die „Theorien", die Personen über sich selbst haben. Psychologischer ausgedrückt: die Selbstkonzepte. Personzentriert bedeutet auch, dass die Loyalität des Coaches dabei dem Ratsuchenden gilt, und nicht in erster Linie den Rollenerwartungen an die Person oder der Organisation.

Coaching ist *lösungsorientierte* Beratung. Dabei werden die Lösungen nicht durch den Coach erarbeitet und dem Ratsuchenden lediglich zur Verfügung gestellt, wie dies aus dem Consulting bekannt ist. Lösungen werden vielmehr mit den Ratsuchenden erarbeitet. Weitergehend lässt sich sogar sagen: Für die Lösungen sind die Klienten zuständig, der Coach unterstützt sie bei der Suche. Die Erfahrung zeigt, dass dies auch meist gelingt und die Ratsuchenden spontan Lösungen für ihre Konflikte und Probleme finden, wenn sie diese besser verstanden haben.

Coaching macht sich an *konkreten sozialen Situationen* fest. Je konkreter eine solche Situation beschrieben wird, umso besser kann in der Regel im Rahmen eines Coaching miteinander gearbeitet werden. Ein Beispiel kann dies verdeutlichen: *Eine wissenschaftliche Mitarbeiterin kommt in eine Beratung. Ihr Anliegen ist, dass sie ihr Verhältnis zu ihrem Professor, der ihre Habilitation betreut, verbessern möchte. Der Coach fordert sie auf, möglichst an konkreten Beispielen die Beziehung zwischen ihr und dem Professor darzulegen.* In diesen konkreten Szenen werden dann die Konflikte zwischen den beiden auf der Ebene der persönlichen Beziehung sicht- und bearbeitbar.

Im Coaching spielt die *Diagnostik* (Möller und Kotte 2013) eine wichtige Rolle. Das hier vorgestellte Coaching-Verständnis orientiert sich an der *Inkongruenzdiagnostik* (Speierer 2006). Diese wird in den folgenden Abschnitten etwas ausführlicher dargestellt, da sie erlaubt, auch Themen und Arbeitsweisen im Coaching besser zu verstehen.

Personen können authentisch und mit sich selbst übereinstimmend handeln und sich dann auch so erleben. Dies ist der Fall, wenn es ihnen gelingt, unterschiedliche Anteile von sich selbst („Selbstkonzepte") miteinander im Einklang zu halten. Technischer ausgedrückt: die Person ist mit sich kongruent. Ein Beispiel kann dies illustrieren. *Eine wissenschaftliche Mitarbeiterin versteht sich als eine Person, die großen Wert auf Fairness legt. Die Projektstellen in ihrem eigenen Projekt werden nach den individuellen Leistungen vergeben. Dazu hat sie sich ein Auswahlverfahren ausgedacht. So sollten nach Möglichkeit alle sachfremden Gesichtspunkte ausgeschaltet werden. Mit dieser Vorgehensweise ist sie sehr zufrieden. Sie konnte dies auch den Bewerbern gegenüber authentisch vertreten. Ihr Tun und ihre Einstellung dazu befinden sich im Einklang.*

Personen können aber auch das Gefühl dafür verlieren, dass sie mit sich selbst kongruent sind. Auch hier kann ein Beispiel helfen, die Bedeutung davon besser zu erfassen: *Eine wissenschaftliche Mitarbeiterin wurde gegenüber einem Kollegen – in ihrer Sicht – benachteiligt. Ihre Stelle wurde zum dritten Mal in Folge nur für eine kurze Zeit verlängert, während ihr Kollege einen Vertrag für drei Jahre erhalten hat. Darüber hinaus wurde er von zahlreichen organisatorischen Aufgaben entbunden, die sie nun zusätzlich erhalten habe.* Zwischen ihrem Selbstverständnis (ihrem Selbstkonzept), fair im akademischen Kontext zu handeln, und dem was sie erlebt, besteht ein Zwiespalt. Ihre eigenen Fairnessregeln werden verletzt. Sie erlebt sich selbst als mit ihrer Umwelt nicht mehr kongruent.

Die Inkongruenzdiagnostik versucht, diese Inkongruenzen des Klienten systematisch zu erfassen. Dabei werden drei unterschiedliche Formen von Inkongruenzen (Speierer 2006) unterschieden:

- Inkongruenzen innerhalb des Selbst (Innen-Innen-Konflikte)
- Inkongruenzen zwischen dem Selbst und der sozialen Umwelt (Innen-Außen-Konflikte)
- Stressinkongruenz

Von Stressinkongruenz wird nach Speierer (Speierer 2006, S. 104) dann gesprochen, wenn „eine Person mit überwältigenden Erfahrungen konfrontiert wird, die für ihr Selbst unerträglich sind, es in Frage stellen, es in seiner Existenz bedrohen oder zerstören". Beispiele für diese Inkongruenzen werden im 2. Kapitel noch weiter ausgeführt. Zur Klarheit illustriere ich mit einigen kurzen Beispielen diese Inkongruenzen.

Innen-Innen-Konflikt: *Eine wissenschaftliche Mitarbeiterin führt eine Projektgruppe. Ihr ist Fairness besonders wichtig. Gleichzeitig sieht sie jedoch, dass Kollegen mit ihrer Habilitation rascher vorankommen, die die Ergebnisse der Doktoranden hemmungsloser nutzen als sie es tut. Sie möchte auf keinen Fall abgehängt werden und will sich Respekt verschaffen bei ihren Kollegen.* Zwischen dem Aspekt ihrer Person, Fairnessregeln für besonders wichtig zu halten, und dem Wunsch, Respekt und Anerkennung zu erhalten, besteht bei ihr ein Zwiespalt.

Innen-Außen-Konflikt: *Eine wissenschaftliche Mitarbeiterin hat nach eigenen Angaben Schwierigkeiten, die Normen des Instituts, in dem sie arbeitet, zu akzeptieren. Ihr bereiten diese Normen Schwierigkeiten. So wird ein eloquentes und sicheres Auftreten auf wissenschaftlichen Kongressen erwartet. Dies wird jedoch nicht an Fachlichkeit gemessen, sondern an der Bereitschaft, informelle Regeln zu befolgen. Kleidung, persönlicher Habitus, unhinterfragte Glaubensüberzeugungen, Anerkennen von Koryphäen und einflussreichen Personen usw. Ihrem individuellen sozialen Hintergrund ist ein solches Verhalten und Erleben fremd.* Einerseits möchte die Mitarbeiterin sich in die Kultur des Instituts integrieren und stellt die dort gelebten Normen nicht infrage. Andererseits sind ihr diese Normen fremd, sodass sie sich nicht einfach in der Kultur zurechtfindet.

Stressinkongruenz: *Herr A. ist 42 Jahre alt. Er ist habilitiert, gut vernetzt, erfolgreich in der Drittmitteleinwerbung. Dennoch ist er bei Bewerbungen um eine Professur nicht erfolgreich. Er ist schon mehrfach auf Platz 2 oder 3 gelistet worden, hat aber nie eine Professur erhalten. Er hat alles richtig gemacht, aber das nützt ihm nichts. Seine Stelle läuft aus und er sieht nun keine berufliche Perspektive außerhalb der Universität mehr für sich. Die Schuld sucht er bei sich. Irgendetwas scheint er doch falsch gemacht zu haben, sonst würde er eine Stelle haben. Die Situation überfordert ihn, und erfolgreiche Kollegen suchen ebenso wie er die Schuld bei ihm selbst. Diese Erfahrung kann er aktuell nicht mehr selbstständig verarbeiten. Er fühlt sich „traumatisiert“.* In den ersten beiden Beispielen kam es zu Konflikten, entweder innerhalb der Person oder zwischen den beteiligten Personen. In dem dritten Beispiel muss kein Konflikt vorliegen. Die Erfahrung ist für Herrn A. aber zur gegenwärtigen Zeit nicht in sein Selbstkonzept integrierbar; die Situation überfordert ihn.

Die Inkongruenzdiagnostik erlaubt in der Phase der Auftragsklärung, das Themenfeld genauer abzustecken und die Zielrichtung des Coachings zu konkretisieren. Beratungsbedürfnisse, die vor allem auf fachliche Informationen zielen, können in diesem Stadium auf andere Beratungsangebote umgeleitet werden.

Die Ausführungen zur Inkongruenzdiagnostik zeigen auch, dass Coaching auf eine *Selbstklärung des Klienten zielt.* Im Sinne von Schulz von Thun (Schulz von Thun 1981) bedeutet dies, dass die Klienten häufig am Ende eines Coaching-Prozesses klarer zum Ausdruck bringen können, wie ihre Sichtweise ist („Sach-Ebene"), was sie von ihrem Gegenüber wollen („Appell-Ebene"), was sie von sich selbst zeigen wollen („Selbstoffenbarungs-Ebene") und was sie selbst zur Gestaltung der Beziehung beitragen können und wollen („Beziehungsebene"). Dabei ist Coaching nicht einfach offen für jede Zielsetzung des Klienten, sondern selbst an ethische Maßstäbe gebunden (DBVC e. V. 2012; DGSv e. V. 2003). Speierer bringt dies wie folgt zum Ausdruck: „Gesundheit des Einzelnen und aller sowie gesundheitserhaltende bzw. -fördernde Lebens- und Arbeitsverhältnisse sind primäre Gegenstandsbereiche differenzieller Diagnosen, Entwicklungsplanungen und somit Zielorientierungen in den personzentrierten Coachings und Supervisionen" (Speierer 2006, S. 107).

Fazit

Zusammengefasst heißt dies: Coaching ist *eine prozess- und lösungsorientierte sowie personzentrierte Beratung, in der gemeinsam mit den Ratsuchenden an konkreten sozialen Situationen gearbeitet* wird. Dabei finden die Klienten Lösungen für ihre Probleme selbst. Die Fachlichkeit des Coaches besteht in erster Linie darin, die aus der gemeinsamen Arbeit erwachsende tragfähige Beziehung dazu zu nutzen, den Klient auf die blinden Flecken und das nur begrenzt Eingestandene aufmerksam zu machen und so persönliche Entwicklungen zu ermöglichen. Die Inkongruenzdiagnostik erlaubt es, die in das Coaching eingebrachte Fragestellung besser zu verstehen.

2.2 Abgrenzung gegenüber anderem Sprachgebrauch

Es ist müßig, darüber zu streiten, was der *richtige* Gebrauch des Begriffes „Coaching" ist. Im vorher gehenden Abschnitt ging es daher auch nur darum darzulegen, wie hier der Begriff verwendet wird. Es steht dem Leser frei, auch einen anderen Begriff dafür zu verwenden. Sei es Supervision, Beratung oder irgendein anderes Wort. Dem Verständnis wird vielleicht jedoch geholfen, wenn ich hier noch einige Abgrenzungen vornehme. Damit soll deutlich werden, wie hier „Coaching" nicht verwendet wird.

Coaching ist *kein „personal training"* und auch kein individueller Unterricht im Sinne eines „one to one teaching". Training beruht auf dem Prinzip, dass regelmäßige und häufige Wiederholungen zu Effekten führen, die von dem Trainierenden gewünscht werden. Wesentliche Lernprozesse die in arbeitsweltlichen

Kontexten benötigt werden, lassen sich jedoch nicht über Training erwerben. Sie betreffen nämlich die Person, ihre Widersprüche und ihre Passung in die widersprüchliche Umwelt. Daher wissen weder Coach noch Klient zu Beginn des Coachings, was der Klient im Rahmen des Beratungsprozesses lernen wird. Das neu Gelernte macht sich oft dadurch bemerkbar, dass es überraschend für Klient und Coach ist, beiden aber den Eindruck vermittelt, jetzt das Handeln und die Sichtweisen des Klienten besser verstanden zu haben.

Coaching ist kein *Fit-Macher.* Die aus dem Sport herrührenden Assoziationen des Wortes Coaching werden oft vielfach von Coaches und Klienten gewünscht. Sie wecken die Erinnerung an Wettkampf, an mentales Training, an Vorbereitung auf eine extreme Konkurrenzsituation – und die Hoffnung auf den Sieg. Sie ist getragen von der Illusion, dass alles möglich sei, wenn nur der Betroffene ausreichend Wille hat und gut beraten ist. Coaching ist auch *nicht Organisationsentwicklung.* Im Rahmen der Organisationsentwicklung kann es hilfreich sein, Coaching einzusetzen. Dies kann durchaus dabei helfen, individuelle Fragen zu klären, wenn sich Organisationen wandeln. Coaching ersetzt aber keine Organisationsentwicklung.

Coaching ist *nicht auf Tools* fixiert. Die Coaching-Literatur bietet mittlerweile eine Vielzahl von Handbüchern mit sogenannten Coaching-Tools (Rauen 2009; Neumann-Wirsig 2009) an. Je nach Kontext der Fragestellung kann es durchaus sinnvoll sein, ein solches Tool einzusetzen, um damit den Klärungsprozess bei dem Klienten zu unterstützen. Das hier skizzierte Coachingverständnis setzt jedoch wesentlich mehr auf ein Verstehen der Sichtweisen der Klienten. Dies erfordert auch von den Klienten eine Bereitschaft, sich auf einen Selbsterforschungsprozess einzulassen, der durchaus sehr fremd sein kann. Ein solcher Prozess ist nicht zuletzt darum so wichtig, weil die Ratsuchenden aus dem Hochschulkontext aufgrund des oft hohen Konkurrenzdruckes kaum Gelegenheit haben, sich mit anderen über ihre Erfahrungen auszutauschen. Coaching bietet hier einen geschützten, offenen und freien Raum zur Reflexion an, der nicht durch allzu viel Tools und Erfolgsdruck dann wieder eingeengt werden sollte.

Coaching ist *keine Lehr- und Lernbegleitung.* Es ist mittlerweile zur Gewohnheit geworden, von Lehrenden zu fordern, dass sie Coaching-Kompetenzen haben müssen, da sie Studierende auch beraten und begleiten sollen. Prinzipiell ist nichts gegen diese Forderung einzuwenden, wenn deutlich ist, dass mit „Coaching" hier nicht das gleiche gemeint ist wie unter 2.1 beschrieben. Dort handelt es sich um einen freien Raum der Selbsterforschung, hier geht es darum, dass Lehrende aus ihrer Fachkompetenz heraus Studierende in der Erstellung wichtiger akademischer Arbeiten auch „begleiten" können sollen. Dies bedeutet, dass sie fähig sind, didaktisch zu denken, Lernhemmnisse zu erkennen, oder Probleme im wissenschaftlichen Aufbau zu identifizieren und mit den Studierenden zu besprechen.

Fazit

Zusammenfassend heißt dies: *Coaching stellt einen Freiraum dar, in dem alle Aspekte der beruflichen Tätigkeit an einer Hochschule offen besprochen werden können.* Offen bedeutet, dass dabei alles auf den Prüfstand gestellt werden darf, dass niemand am Ende fit sein muss. Wenn sich Organisationen über Coaching-Maßnahmen entwickeln, ist das ein erfreuliches zusätzliches Ergebnis. Dieser offene Raum ist handlungsentlastet, frei von technischen Zurichtungen wie Tools und damit auf Verstehen ausgerichtet.

2.3 Überblick über die Literatur

Im Folgenden gebe ich einige Literaturhinweise zum Thema *Coaching an der Hochschule.* Dabei handelt es sich weder um einen Literüberblick zum Thema Coaching insgesamt noch um eine umfassende Darstellung des wissenschaftlichen Diskussionsstandes zum Coaching an der Hochschule. Das Erste wäre aufgrund des Umfanges hier unmöglich, das Zweite würde einen viel umfassenderen Überblick über die internationale Entwicklung erfordern, als es hier möglich ist. Weiterführende Literatur zum Thema Coaching und Supervision findet sich bei Rauen (2014), Boeckh (2008), Straumann (2006). Die weiterführenden Hinweise zum Thema Coaching in der Hochschule richten sich insbesondere an Coaches, die einen Einstieg in diese Literatur suchen. Im Wesentlichen geht es darum, einige Trends zu verdeutlichen, die in dieser Literatur diskutiert werden. Ich gehe auf die folgenden Themen ein: die sprachliche Anschlussfähigkeit und die Akzeptanz im Feld, die Feldkompetenz der Coaches, die im Coaching bearbeiteten Themen, die Abgrenzung zur Fachberatung sowie die Schwierigkeiten des Felds für Coaches. Mit den im Coaching bearbeiteten Themen werden Fragestellungen angeschnitten, die im nächsten Kapitel umfassender aus der Perspektive der Hochschulforschung beleuchtet werden.

Sprachliche Anschlussfähigkeit Klinkhammer spricht beispielsweise nicht vom Coaching an der Hochschule, sondern vom „Coaching für Wissenschaftler/innen" (Klinkhammer 2011, 2016). An die derzeit dominierende Sprache an den Hochschulen wird auch damit angeknüpft, dass von Exzellenz und Elite gesprochen wird, so betont Klinkhammer beispielsweise: „Exzellente Forschung und Lehre bedarf exzellenter Rahmenbedingungen" (Klinkhammer 2016, S. 64). Auch

Brüning (Brüning 2009) knüpft an aktuelle Sprechweisen an, wenn er neu berufene Professoren als „Innovationsträger der Hochschulentwicklung“ (ebd., S. 229) oder von der „Positionierung am internationalen und nationalen Hochschulmarkt“ (ebd.) spricht. Coaching wird auf die Marketingwirkung beim „Recruiting“ hin betrachtet und behauptet, dass es darum gehe, „renommierte Wissenschaftler“ (ebd., S. 230) zu gewinnen.

Bei solchen Sprach-Schablonen ist jedoch Vorsicht angebracht. Das wissenschaftliche Personal an Hochschulen hat weit mehr Aufgaben als die Wissenschaft, sodass die Einschränkung auf diese Bezeichnung meines Erachtens nicht plausibel ist. Darüber hinaus verrät die Bezeichnung einen stark universitären Blick. Das wissenschaftliche Personal an den Fachhochschulen ist weit stärker in die wissenschaftliche berufliche Qualifikation der Studierenden eingebunden als es das unbefristete wissenschaftliche Personal an den Universitäten ist. Darüber hinaus sollte die Suche nach sprachlicher Anschlussfähigkeit nicht dazu führen, an einen Jargon umstandslos anzuknüpfen, der zwar einerseits dem wissenschaftlichen Personal schmeichelt, andererseits aber die tatsächlichen Probleme verdeckt. So ist es das ausgesprochene Ziel der sogenannten Exzellenzinitiative wenige Universitäten als herausragend zu etablieren – und zwar allein in einigen begrenzten Bereichen der Forschung. Es ging dabei niemals darum, alle 24.000 Professoren an deutschen Universitäten exzellent zu machen. Der größte Anteil des wissenschaftlichen Personals wird niemals Kontakt mit solchen Initiativen haben. Aus diesen Gründen spreche ich hier auch vom Coaching an Hochschulen und verzichte auf einen Begriff wie Exzellenz, der in seiner Unbestimmtheit nur schwer zu fassen ist.

Feldkompetenz Die Bedeutung der sogenannten Feldkompetenz der Coaches wird in verschiedenen Publikationen hervorgehoben. So behauptet Brüning, dass es nur wenige „Coaches mit einer expliziten Feldkompetenz für Hochschulen“ (Brüning 2009, S. 230) gäbe. Er berichtet von einer Untersuchung, in der in Experten-Interviews vier von fünf Experten hervorgehoben hätten, dass „Feldkompetenz eine wichtige Schlüsselqualifikation, um neu berufene Hochschullehrer/innen coachen zu können“ (ebd., S. 237) sei. Auch Klinkhammer betont die Bedeutung einer „feldspezifischen, fundierte Beratungskompetenz und Strategien im Umgang mit Symptomen ihrer Kund/innen“ (Klinkhammer und Frohnen 2016, S. 195). Schumacher (2012) präzisiert die Forderung. Sie betont, dass Coaches gesucht werden, die „Kenntnisse über das System Hochschule, seine Strukturen und Dynamiken mit bringen und durch systemische Kompetenzen das Wirken in Systemen berücksichtigen können“ (ebd., S. 18).

Meines Erachtens bleibt gleichwohl ungeklärt, worin die spezifische Feldkompetenz bestehen soll. Gut ausgebildete Coaches verfügen über eine Prozessberatungsfähigkeit, die es ihnen ermöglicht, Beratung in der Arbeitswelt in unterschiedlichen Kontexten anzubieten. So erwähnt auch Brüning, dass es Coachings mit externen Coaches ohne Feldkompetenz gegeben habe, die erfolgreich verlaufen seien (Brüning 2009, S. 237). Dennoch sei hier nicht bestritten, dass es sinnvoll ist, sich mit den Strukturen spezifischer Arbeitswelten vertraut zu machen. So sind die Arbeitswelten von Sozialarbeitern, Managern, wissenschaftlichem Personal sicher durch sehr unterschiedliche organisationale Strukturen geprägt. Feldkompetenz bedeutet, dass es typische Muster in diesen Arbeitswelten gibt, die Abläufe und Problemstellungen kennzeichnen. Wer selbst aus dem Feld kommt, kann diese oft nicht mehr wahrnehmen. Feldkompetenz bedeutet also, diese Muster erkennen und sich kritisch davon distanzieren zu können. Das Kap. 2 wird aus diesem Grund einige organisationale Strukturen an Hochschulen hier vorstellen.

Typische Themen In der Literatur werden einige typische Themen genannt, die in Coachings bearbeitet werden. So spricht Brüning von den Rollen- und Identitätskonflikten von neu berufenen Hochschullehrern und hebt hervor, dass die Arbeitssituation diese Personen durch „Konkurrenz, Angst, Individualisierung und Abwertung“ gekennzeichnet sei (Brüning 2009, S. 233). Auch Klinkhammer nennt den „permanenten Identitätswechsel“ bei dieser Gruppe (Klinkhammer und Frohnen 2016, S. 193) und führt die folgenden Themen auf:

> 1. Unterstützung zur Vorbereitung auf eine konkrete Bewerbungs- oder Berufungssituation oder für eine die Karriere entscheidende Situation. 2. Unterstützung zur Bewältigung einer aktuellen Krisen- oder Konfliktsituation (…). 3. Komplexität der Rollenvielfalt in der Profession Wissenschaft: Fragen zur beruflichen Identität (…) 4. Unterstützung bei der Karriereplanung, die oft aus einer kurzfristig zu treffenden Entscheidung resultiert (Klinkhammer 2013, S. 311).

Schumacher unterscheidet dagegen die Themen „Lehre“ von den Themen „System Hochschule“. Sie benennt als Anliegen dann Themen wie Organisationskultur, Führung, Verantwortung, Mitgestalten in Gremien (Schumacher 2012, S. 15). Hubrath benennt als Themen Rollenklärung, Aufgaben strukturieren im Rahmen von Projektmanagement, Umgang mit Status und Hierarchiefragen, Arbeitsorganisation und Zeitmanagement, individuelle Karriereplanung (Hubrath 2009).

Abgrenzung von der Fachberatung In vielen Publikationen gibt es meines Erachtens keine klare Abgrenzung zwischen einem prozessorientierten Coaching und einer Fachberatung. Beispielhaft kann die zuletzt genannte Publikation von Schumacher hier erwähnt werden. Sie unterscheidet zwar zwei Systeme „Lehre" und „System Hochschule" voneinander, sieht aber das Coaching in beiden Bereichen als zuständig an. Damit folgt sie vielen Publikationen, die insbesondere aus dem Bereich Hochschuldidaktik stammen und das Coaching auch über die Qualifizierung für die Lehre begründen möchten. Günther (Guenther 2015) arbeitet demgegenüber den Unterschied zwischen einem prozessorientierten Coaching und einer hochschuldidaktischen Fachberatung deutlich heraus. Sie betont: „Ist der/die Berater/-in bei der didaktischen Expertenberatung eine sachkompetente Person, ein fachlicher Experte mit hoher Feldkompetenz, der den Novizen von der Peripherie der Lehrkompetenz in deren Zentrum führen möchte, findet sich beim Coaching eher eine gleichberechtigte, partnerschaftliche Zusammenarbeit auf Augenhöhe zwischen einem Prozessberater/in und einer/einem Klienten (…)" (ebd., S. 454). Auch Klinkhammer weist auf die Vielfalt des Coaching-Verständnisses im Hochschulbereich hin und betont demgegenüber, dass das Kernangebot von Coaching in dem „(Selbst-)Reflexion im beruflichen Kontext dienenden dialogischen Beratungsprozess, der maßgeblich durch die professionelle Beziehungsarbeit von Coach und Coachee gestaltet wird" (Klinkhammer und Frohnen 2016, S. 191) liege.

Schwierigkeiten des Feldes für den Coach Coaches stehen vor einigen Schwierigkeiten, wenn sie sich oder ein Angebot zum Coaching in einer Hochschule etablieren wollen. Knappe Budgets an Hochschulen für Coaching-Angebote sind hier sicherlich an erster Stelle zu nennen (Bergel 2008, S. 63). Dies führt nicht selten dazu, dass die Angebote aus „eigenen" Ressourcen angeboten werden. So haben sich in der Vergangenheit insbesondere die Einrichtungen zur Hochschuldidaktik gerne des Coachings angenommen – dabei bleibt jedoch meist zweifelhaft, ob damit eine Fachberatung oder ein prozessorientiertes Coaching gemeint ist. Externe Coaches haben sich jedenfalls auf eher geringe Honorare einzustellen. Ein weiteres wichtiges Thema ist, wie der Widerstand gegen solche Angebote überwunden werden kann.

Fachzeitschriften haben in der Vergangenheit Themenhefte mit dem Schwerpunkt Hochschule herausgegeben. Zu nennen sind insbesondere *Organisationsberatung, Supervision, Coaching (OSC) (Heft 2, Jg. 16, 2009) sowie supervision. Mensch Arbeit Organisation* (Heft 3, Jahrgang 2014). Dort können sich Interessierte weitere Anregungen und Literaturhinweise holen.

Coaching im Hochschulkontext

3

3.1 Das wissenschaftliche Personal

Prinzipiell lassen sich drei unterschiedliche Personengruppen in Hochschulen ausmachen, die einen Bedarf an Beratung haben:

- Studierende
- Hauptberufliches sowie nebenberufliches wissenschaftliches und künstlerisches Personal
- Verwaltungs-, technisches und sonstiges Personal

Coaching im Hochschulkontext fokussiert in diesem Buch auf das Coaching des wissenschaftlichen, meist hauptberuflichen Personals. Darüber hinaus gibt es zahlreiche Beratungsangebote für die andern Personengruppen der Hochschule, insbesondere die Studierenden. Sie werden teilweise auch unter dem Label „Coaching" angeboten. Weder die Angebote für die Studierenden noch die für das Verwaltungspersonal werden hier berücksichtigt, da die Bedingungen, unter denen diese Gruppen studieren bzw. arbeiten, sich von den Bedingungen des wissenschaftlichen Personals unterscheidet (vgl. dazu Hüther und Krücken 2016).

Das haupt- und nebenberufliche wissenschaftliche und künstlerische Personal an den Hochschulen bildet keine homogene Gruppe, sondern zerfällt in unterschiedlichste Untergruppen. Diese entstehen durch die verschiedenen Arten der Hochschulen mit ihrem unterschiedlichen Renommee sowie durch die unterschiedlichen Statusgruppen innerhalb der Hochschulen, insbesondere durch die Unterscheidung von Professoren und wissenschaftlichen und künstlerischen Mitarbeitern. Die Tab. 3.1 gibt einen Eindruck von der Größe der jeweiligen Zielgruppe. Nicht aufgeführt wurden die Verwaltungsfachhochschulen, die pädagogischen und die theologischen Hochschulen.

U. Fahr, *Coaching an der Hochschule,* essentials,
DOI 10.1007/978-3-658-16847-6_3

Tab. 3.1 Hauptberufliches wissenschaftliches und künstlerisches Personal, Hochschulen insgesamt sowie ausgewählte Hochschulbereiche. (Zahlen nach Statistisches Bundesamt 2016, eigene Darstellung)

	Hochschulen insgesamt	Universitäten	Fachhochschulen	Kunsthochschulen
Professoren	46.310	24.083	18.990	2309
Dozenten u. Assistenten	3429	2174	564	91
Wissenschaftl. u. künstlerische Mitarbeiter	179.519	165.693	11.717	977
Lehrkräfte f. besondere Aufgaben	9774	6331	2130	628
Summe	239.032	198.281	33.401	4005

Die Zahlen verdeutlichen, dass es insbesondere an den Universitäten ein starkes Gefälle zwischen Professoren einerseits und wissenschaftlichen Mitarbeitern auf der anderen Seite gibt. Für die große Zahl der wissenschaftlichen Mitarbeiter gibt es nahezu keine Möglichkeiten, dauerhaft im System Universität zu bleiben. Sie müssen nach zwölf Jahren entweder eine Professur an der Universität erreicht haben oder, wenn möglich, auf Alternativen wie die Fachhochschul-Professur ausweichen. Die Mehrzahl dieser Personengruppe qualifiziert sich jedoch über eine Promotion oder weitergehende Forschung für den Bereich außerhalb der Hochschule. Tab. 3.2 verdeutlicht einige Unterschiede dieser Gruppen und soll damit deutlich machen, dass die jeweiligen Gruppen sehr unterschiedliche Coaching-Bedürfnisse haben.

Dieser stark ausgeprägte Unterschied scheint vor allem für die Universitäten charakteristisch zu sein. An den Fachhochschulen als dem zweiten wichtigen Bereich der Hochschulen stellt sich die Situation anders dar. Das Lehrdeputat der FH-Professoren ist meist deutlich höher, die Einbindung in drittmittelfinanzierte Forschung meist deutlich geringer. Darüber hinaus wird in der Regel von den Professoren Berufserfahrung außerhalb des akademischen Arbeitsbereiches verlangt. An den Zahlen wird deutlich: Sie haben weit weniger Mitarbeiterstellen als die Professoren an den Universitäten – in diesem Sinne stellen sich formale Führungsaufgaben also in einem geringeren Ausmaß an den Fachhochschulen.

Der typische Lebenszyklus des wissenschaftlichen Personals lässt sich in den Universitäten beobachten, da bis jetzt nur diese ein Promotions- und Habilitationsrecht haben. Dieser Zyklus gliedert sich in verschiedene Phasen, wie Abb. 3.1 zeigt. In den

Tab. 3.2 Unterschiede zwischen Professoren und Mitarbeitern. (Eigene Darstellung)

Professoren	Wissenschaftliche Mitarbeiter
• Unbefristet	• Befristet
• Qualifikation abgeschlossen, Ausbau von Reputation	• In der Qualifikationsphase (Promotion, Habilitation)
• Unabhängigkeit in der Forschung, Management von Forschungsprojekten	• Hohe Abhängigkeit in der Forschung, diese ist meist Teil einer Qualifikation
• Starke Stellung in der Selbstverwaltung der Hochschulen	• Schwache bis unbedeutende Stellung in der Selbstverwaltung
• Verpflichtung zur Lehre, Lehrmanagement	• Trägt die Hauptlast der Lehre an den Universitäten

Abb. 3.1 Phasen akademischer Entwicklung

Fachhochschulen treten an die Stelle der Postdoc-Phase und der Habilitation mehre Jahre Berufserfahrung in einem für das zu unterrichtende Fach wichtigen Beruf. Insbesondere für den universitären Lebenszyklus gilt: Coaching ist in allen Entwicklungsphasen möglich. Dies umfasst auch die höheren akademischen Leitungsfunktionen wie Dekane oder Rektoren.

In den folgenden Abschnitten geht es darum, diesen Lebenszyklus anhand der Ergebnisse der Hochschulforschung etwas näher zu erläutern. Dabei orientiert sich die Darstellung mehr an den Universitäten, also an lediglich einem Segment der Hochschulen. Sie zeigen jedoch in besonders prägnanter Weise typische Probleme und Fragestellungen auf, die in dieser Entwicklung auftreten können. Ziel ist es aufzuzeigen, vor welchen spezifischen Problemen das akademische Personal an Hochschulen steht.

3.2 Risikoreiche Karrierewege

Die Promotion ist der erste Schritt, der dem Nachweis dient, dass der Kandidat befähigt ist, wissenschaftlich zu arbeiten. Die Promotion ist ein meist notwendiger, aber kein hinreichender Schritt in eine dauerhafte Beschäftigung an den Hochschulen, insbesondere den Universitäten. Ein Teil der Promotionen ist mit einer neben- oder sogar hauptberuflichen Beschäftigung an der Universität verbunden. Insofern stellt die Promotionsphase einen Übergangsbereich dar: Sie gehört einerseits zum Abschluss des Studiums, sie kann anderseits auch mit der Aufnahme in das akademische Personal – als befristet beschäftigter wissenschaftlicher Mitarbeiter – verbunden sein.

Diese Phase scheint in mehrfacher Hinsicht prekär zu sein. Dies zeigt sich beim Vergleich von begonnenen und abgeschlossenen Dissertationsprojekten. Die Hochschulforschung ist hier auf Schätzungen angewiesen. Es wird davon ausgegangen, dass lediglich ein Drittel der begonnenen Promotionen beendet wird (Hüther und Krücken 2016). Es scheinen keine Zahlen vorzuliegen, ob Promovierende mit einer Mitarbeiterstelle hier bessere Erfolge haben als solche ohne entsprechende Stelle. Im Coaching klagen viele dieser Personen insbesondere darüber, dass sie eine Stelle haben, die formal ihnen eine Promotion ermöglicht; gleichzeitig wird ihnen aber signalisiert, dass sie die Promotion nicht in ihrer Arbeitszeit erstellen können, da sie vielfältige andere Dienstleistungen erbringen müssen. Die Promotion dient vielfältigen Zwecken, nur selten jedoch als ein Einstieg in eine hauptberufliche akademische Tätigkeit. Schon die Anzahl von mehr als 25.000 Promotionen pro Jahr macht das deutlich. Die Mehrheit der Promovierenden haben andere Berufsziele im Blick, selbst wenn sie für eine Übergangszeit als wissenschaftliches Personal tätig sind.

Nach der Promotion beginnt die sogenannte Postdoc-Phase; sie wird hier weit verstanden, sodass sie mit der Habilitation oder im Falle einer Junior-Professur mit der positiven Evaluation abschließt. Die Mitarbeiter in dieser Phase stehen einer Vielzahl unterschiedlicher und komplexer Aufgaben gegenüber. Neben ihrer eigenen beruflichen Entwicklung („Karriere-Planung") müssen sie aktiv an Forschungsprozessen teilnehmen, Ergebnisse publizieren und sie müssen als Lehrende die Hauptlast der Lehre insbesondere an den Universitäten tragen. Sie sind in der Regel stark in organisatorische Aufgaben eingespannt oder müssen eine Reihe von Dienstleistungen, insbesondere Verwaltungsaufgaben, für ihren Professor erbringen. Im Hinblick auf eine spätere Berufung stehen dabei Publikationen in einflussreichen Zeitschriften (Impact-Faktoren) sowie die Einwerbung von Drittmitteln ggf. stark im Vordergrund, in der Regel in Kooperation mit der Professur an dem der Mitarbeiter beschäftigt ist. Die Lehre ist faktisch von geringer Bedeutung in weiten Bereichen der Universität.

Die folgenden Themen und Herausforderungen kennzeichnen darüber hinaus diese Phase:

- Für viele Mitarbeiter stellt diese Phase biografisch auch eine Zeit der Familiengründung und -konsolidierung dar. Damit gehen häufig Probleme einher.

Auf der einen Seite steht eine berufliche Tätigkeit, die keine klaren Arbeitszeitregelungen kennt, in der die Auflösung der Grenzen zwischen privatem Leben und Beruf als Zeichen von hohem Engagement gilt. Auf der anderen Seite sind berufliche Karrieren, die in diesem Stadium auf eine Professur zielen, von einer extremen Unsicherheit geprägt.
- Meist sehr hohe persönliche Abhängigkeit von der betreuenden Professur. Ungeachtet des grundgesetzlich verankerten Gebots der Freiheit von Forschung und Lehre ist dieser Personenkreis meist nicht in der Lage, freiverantwortlich zu forschen und zu lehren. Während sie die Befähigung zur wissenschaftlichen Arbeit durch die Promotion erbracht haben, dann aber nur unzureichend weiterer freier Forschung nachgehen dürfen, lastet andererseits der Großteil der Lehrverpflichtungen auf diesem Personenkreis.
- Diese Abhängigkeit zeigt sich auch in der Art, wie die Mitarbeiterstellen rechtlich geregelt sind. Es handelt sich um prinzipiell befristete Verträgen, die im Konfliktfall eine rasche Trennung von den Mitarbeitern erlauben. Auf Begründung kann dabei verzichtet werden, zumal die Kriterien für Erfolg und Misserfolg sich in der Regel nicht eindeutig formulieren lassen.
- Für zentrale Aufgaben wie die Lehre, die schwerpunktmäßig an den Universitäten von diesem Kreis getragen wird, werden die Mitarbeiter meist nur unzureichend qualifiziert. Sofern dies geschieht, geht dies mit Zielkonflikten einher, da die Fortbildung in der Hochschullehre auf Kosten der wissenschaftlichen Forschung oder der freien Zeit geht.

Die Postdoc-Phase schließt formal mit der Habilitation ab. Die entsprechenden Verfahren werden im Schnitt mit 41 Jahren beendet. Damit ist aber noch keine Gewähr auf die Übernahme in das unbefristete wissenschaftliche Personal der Hochschulen gegeben. Im Gegenteil, im Rahmen von Berufungsverfahren stehen zahlreiche weitere Evaluationen der wissenschaftlichen Leistung an. Prinzipiell ist es extrem schwierig, die Chancen auf eine Professur realistisch abzuschätzen. Die vorliegenden Zahlen sind meist zu vage, um eine klare Vorstellung in einem bestimmten Bereich entwickeln zu können. Generell ist jedoch davon auszugehen, dass zwischen zwei und fünf Prozent der Universitätsprofessuren aus Altersgründen aus dem Dienst ausscheiden (vgl. Wirth 2013). Dem steht eine deutlich höhere Anzahl von potenziellen Bewerben gegenüber. Die Habilitationszahlen stellen einen nur unzureichenden Anhaltspunkt dar, da die Habilitation in den letzten Jahren an Bedeutung verloren hat. Junior-Professuren sind heute ein weiterer Weg zu einer Professur. Für das Jahr 2011 hat Wirth nach einer detaillierten Betrachtung vorliegender Zahlen festgestellt: „Allzu große Erwartungen für die statistische Chance, einen Ruf zu erhalten, sind nicht angebracht. Fakt ist, dass derzeit und auch in nächster Zukunft nicht mehr so viele Professuren aus Altersgründen ausscheiden wie zu Beginn dieses Jahrtausends“ (Wirth 2013, S. 1007).

Fazit

Zusammenfassend stellt sich die Situation wie folgt dar. Die Phase zwischen Promotion und Ruf ist eine Phase von sehr hoher persönlicher Abhängigkeit. Das Ende der Qualifikationsphase wird biografisch weit nach hinten geschoben. Einfluss auf die Organisation Hochschule können die Mitarbeiter nur sehr begrenzt gewinnen. Erst mit dem Ruf werden die Mitarbeiter zu vollwertigen Mitgliedern der Organisation. Selbst ein gutes akademisches Netzwerk, zahlreiche Publikationen und das Einwerben von Drittmitteln stellen keine Garantie für eine dauerhafte Anstellung dar. Biografisch geht dies oft mit einer hohen Mobilität einher, die persönlich belastend sein kann durch die Trennung von der Familie. Vielfach gelingt die Entwicklung der Karriere nur auf Kosten der anderen Familienangehörigen. Wenn die weitere akademische Karriere nicht gelingt, bedeutet dies für die Betroffenen oft eine tief gehende Kränkung oder eine Identitätskrise, die mit schwiegen Umorientierungsprozessen einhergehen kann.

3.3 Professionsethos und organisierte Anarchie

Wer schließlich eine Professur erhalten hat, steht vor neuen Herausforderungen. Professorinnen und Professoren haben sich in einer hochkomplexen Organisation zu bewegen, deren formale und informale Regeln oft nur schwer durchschaubar sind. Im Folgenden geht es darum, einige dieser Aspekte zu skizzieren. Ich greife dabei wieder auf die Ergebnisse der Hochschulforschung zurück.

Die Organisation Hochschule wird von der Hochschulforschung mit unterschiedlichen Konzepten der Organisationstheorie betrachtet. Diese betrachtet Hochschulen entweder als „lose gekoppelte Organisationen“, als „Professionsorganisation“ oder als „organisierte Anarchie“ (zu den Details vgl. Hüther und Krücken 2016, S. 155–197).

Hochschulen als lose gekoppelte Organisationen Neu berufene Professoren treffen zunächst einmal auf einen Kollegenkreis, mit dem sie gemeinsam Probleme und Aufgaben jenseits der eigenen Professur zu bewältigen haben. Selbstverwaltungsgremien erfordern Mitarbeit und sind Orte der Konfliktbearbeitung, der Lösung von Problemen sowie der groben Steuerung. Gemeinsame Probleme oder Anforderungen müssen im Verhandlungsmodus miteinander geregelt werden, da es meist nur schwach ausgeprägte Führungsstrukturen gibt. Dekane oder Geschäftsführer eines Fachbereiches haben schon allein deshalb eine meist schwache Stellung weil sie selbst aus dem Kreis der Professoren kommen, die Stelle nur auf Zeit innehaben und von daher auf die Verhandlung mit den anderen Professoren setzen. Lose gekoppelt sind Hochschulen dabei insbesondere hinsichtlich ihrer Gesamtstruktur. Die unterschiedlichen Einrichtungen einer Fakultät oder einer Universität sind in ihrer Tätigkeit nicht aufeinander angewiesen. Die Professoren für Geografie werden keine Kenntnisse darüber haben, vor welchen Problemen und Aufgaben die Professoren für Physik stehen. Auch sind sie unabhängig voneinander hinsichtlich ihres Erfolges oder Misserfolges.

Damit werden jedoch Möglichkeiten für eine ganze Reihe von informellen Einflussmöglichkeiten geöffnet. Professuren unterscheiden sich beispielsweise in ihrem Status und ihrem Reputationsgrad erheblich. Dies ist von vielen formalen wie informellen Faktoren abhängig. Manche Professuren sind mit sehr vielen Mitarbeiterstellen ausgestattet, andere dagegen mit sehr wenigen. Manche Professuren sind als Lehrstühle konzipiert, denen mehrere andere Professuren untergeordnet sind. Manche Professor/-innen sind aufgrund der eingeworbenen Drittmittel oder der Reputation aufgrund von Publikationen einflussreicher als andere.

Hochschulen als Professionsorganisationen Diese Problematik wird noch deutlicher, wenn man die Hochschule als Professionsorganisation betrachtet. Kennzeichnend für Professionsorganisationen sind hochkomplexe Aufgaben, die „nicht dazu geeignet sind, durch eine bürokratische Arbeitszerlegung erfüllt zu werden" (Hüther und Krücken 2016, S. 182). Dies trifft insbesondere auf Hochschulen zu. Am Beispiel der Lehre kann dies gut verdeutlicht werden. Die Ausbildung zum Physiker beispielsweise kann nicht in eine Reihe von bürokratischen Teilschritten zerlegt werden. Schon bei der Auswahl der vermittelten Kenntnisse unterscheiden sich Hochschulen; bei der Auslegung von meist eher vagen Curricula setzen Professoren eigene Schwerpunkte. Angesichts der Spezialisierung in der Wissenschaft wird es selbst für Professoren desgleichen Faches schwierig zu entscheiden, ob der Kollege die „richtigen" Inhalte „richtig" vermittelt hat.

Professionsorganisationen stehen damit vor dem prinzipiellen Problem, wie sie gesteuert werden können. Der Dekan eines Fachbereichs kann beispielsweise nur schwer überprüfen, ob die Wissensvermittlung an die Studierenden – also die erteilte Arbeitsaufgabe – erfüllt worden ist. In der Regel werden zwei Probleme angeführt, die dies erschweren: das Kontroll- und das Informationsproblem. Das Kontrollproblem lautet: Es ist nicht möglich zu kontrollieren, ob eine Arbeitsaufgabe angemessen erfüllt worden ist. Meist sind die Erfolgskriterien nicht eindeutig genug oder die Gründe sind nicht allein von dem Professionellen zu verantworten. So bleibt es meist unklar, ob beispielsweise ein Seminar als erfolgreich im Sinne einer geeigneten Wissensvermittlung zu gelten hat. Das Informationsproblem beschreibt die Schwierigkeit, dass es nahezu unmöglich ist, geeignete Daten darüber einzuholen, ob die Aufgabe erfüllt wurde. In der Vergangenheit hat dies beispielsweise im Bereich der Lehre zu einer Aufwertung von Evaluationen geführt, die als Studierendenbefragungen angelegt, die Sichtweisen der Studierenden erheben. Dabei bleibt allerdings fraglich, ob die erhobenen Daten tatsächlich Aussagen über den Lernprozess der Studierenden machen.

Die Konsequenz daraus ist, dass Hochschulen als Professionsorganisationen auf andere Kontrollmuster zurückgreifen müssen: „Selbstkontrolle und gegenseitige Kontrolle der Professionellen" (Hüther und Krücken 2016, S. 184). Professionsorganisationen sind auf besondere Weise auf die Aushandlungsprozesse zwischen den Beteiligten angewiesen.

Hochschulen als organisierte Anarchie Das Konzept der organisierten Anarchie beschreibt die Hochschulen unter verschiedenen Aspekten. So geht das Konzept davon aus, dass die Ziele von Hochschulen bzw. des wissenschaftlichen Personals weder eindeutig, präzise noch konsistent sind. So ist weder eindeutig definierbar, welche Forschung „exzellent" ist, noch welche Lehre überhaupt „gut" ist. Beide Ziele stehen in einem Konflikt miteinander und werden von weiteren Zielen überlagert. Die für Forschung und Lehre eingesetzten Verfahren („Technologien") sind dabei derart, dass „die ablaufenden Prozesse nicht vollständig verstanden werden" (Hüther und Krücken 2016, S. 187). Dies gilt sowohl für Forschung als auch für Lehre. So hängt die Gewinnung neuer Erkenntnisse auch an der kreativen Anwendung bekannter Verfahren oder gar an der Weiter- und Neuentwicklung von Verfahren. Ebenso ist nur schwer bestimmbar, wie ein tiefenorientiertes Lernen (Marton und Säljö 1976a, b) bei den Studierenden ermöglicht wird – wenn dies überhaupt angestrebt wird.

Diese verschiedenen organisationstheoretischen Beschreibungen der Hochschulen lassen erahnen, vor welchen Problemen Professoren in diesen Einrichtungen stehen. Sie laufen im Grunde darauf hinaus, dass Hochschulen ein sehr unübersichtliches Feld recht persönlicher Aushandlungsprozesse sind. Welche Folgen hat dies für das Coaching? Welche Themen gehen dann damit einher? Die folgenden Punkte geben einen ersten Eindruck von den im Coaching zu bearbeitenden Themen:

- Die Führungsthematik hat eine besondere Bedeutung für diese Personengruppe. Dabei handelt es sich meist um Führung im Rahmen der Aushandlungsprozesse.

Nicht selten gibt es formale oder semiformale Führungsrollen, die aber aufgrund der beschriebenen Strukturen nur sehr schwach sind. Studiengangsleiter oder Geschäftsführer sind auf die Kooperation von Professoren und wissenschaftlichen Mitarbeitern angewiesen. Selbst wenn sie formale Führungsaufgaben haben, werden diese meist im Rahmen von Verhandlungen ausgeübt, da formale Sanktionsmöglichkeiten fehlen oder – wenn sie vorhanden sind – aufgrund des Kollegialitätsprinzips darauf verzichtet wird, diese einzusetzen.

- Führung umfasst auch die formelle Führung von Arbeitsgruppen, z. B. von Gruppen von wissenschaftlichen Mitarbeitern, die an einer Forschungsfrage arbeiten. Es handelt sich jedoch auch um die Führung von nichtwissenschaftlichen Mitarbeiten. Dabei entstehen nicht selten Konflikte, da Erwartungen an wissenschaftliche Mitarbeiter auch an nichtwissenschaftliche Mitarbeiter übertragen werden. Von wissenschaftlichen Mitarbeitern wird oft informell eine hohe Motivation und die Bereitschaft, sich über die vereinbarte Arbeitszeit zu engagieren erwartet. Dies führt zu Konflikten, wenn dies auch von nichtwissenschaftlichen Mitarbeitern erwartet wird.
- Nicht selten stellen Professoren fest, dass die Aufgaben einer Professur strukturell überfordernd sind. Die Vielzahl der Aufgaben ist in vielen Bereichen nur schwer zu bewältigen. Dazu kommt ein ausgeprägtes Arbeitsethos, das kaum zulässt, dass sie sich notwendige Ruhezeiten gönnen. Burn-out ist daher ein nicht zu unterschätzendes Thema. Viele stellen darüber hinaus fest, dass sich die Arbeit mit der Übernahme einer Professur wandelt. An die Stelle der sinnstiftenden Forschung und Lehre tritt nicht selten ein Management von unterschiedlichen Projekten, Anträgen, Betreuung von Dissertationen usw., das auch als sinnentleerend empfunden werden kann.
- Die Inanspruchnahme von Beratung ist dabei oft mit Hindernissen verbunden. Als umfassende Wissensarbeiter hegen die Professoren Zweifel, ob Personen ohne einen professoralen Status in der Lage sein können, sie angemessen zu beraten. Dies führt zu einer Beratungsresistenz von Professoren.

Ausgewählte Themenfelder 4

Wie der kurze Blick in die Literatur (Abschn. 2.3) gezeigt hat, ist die Forschungslage zu Coachings im Hochschulbereich noch sehr unzureichend. Soweit ich sehe, stehen bis jetzt keine empirischen Untersuchungen zu der Art oder der Anzahl der Themen in Hochschul-Coachings zur Verfügung. Wie in der Literatur bislang noch üblich, sind auch die folgenden Aussagen gespeist von persönlichen Erfahrungen als Coach und bleiben insofern begrenzt in ihrer Aussagekraft. Die Liste ist weder vollständig, noch erhebt sie den Anspruch, alle relevanten Themen in den Mittelpunkt zu rücken.

Hess u. Roth haben im Anschluss an Schreyögg eine Systematisierung von Coaching-Anlassen vorgelegt, die auch in dem vorliegenden Kontext hilfreich ist (s. Tab. 4.1). Unterschieden werden demnach *Krisen* und *Verbesserungswünsche;* die Anlässe können dabei eher im individuellen Bereich oder im „kollektiven" (d. h. gesellschaftlichen oder organisatorischen) Bereich liegen. In der Literatur finden sich zahlreichen Hinweise auf Verbesserungswünsche von Klienten; in meiner eigenen Beratungspraxis nehme ich eher ein Überwiegen von Krisen wahr, die die Coaching-Nachfrage stimulieren. Aus diesem Grund – und weil Krisen in der Literatur weniger beschrieben werden – habe ich mich in der folgenden Darstellung mehr auf die Krisen konzentriert. Hochschulen sind konfrontiert mit zum Teil überhöhten gesellschaftlichen Erwartungen wie „Exzellenz", die gleichzeitig der Organisation Hochschule Legitimation verschaffen. Die dunkle Seite von Hochschul-Karrieren wird daher meist nur ungern in den Blick genommen.

Es ist meist ein langer Prozess, bevor sich jemand entschließt ein Coaching oder einen anderen Beratungsprozess in Anspruch zu nehmen. Insofern beginnen Beratungsprozesse weit vor dem ersten Treffen zwischen Coach und Klient (vgl. dazu Warschburger 2009). Für die künftige Forschung wird dies gerade im Hochschulkontext eine interessante Forschungsfrage sein, welche Faktoren die Inanspruchnahme von Coaching fördern und welche Faktoren hinderlich sind.

U. Fahr, *Coaching an der Hochschule,* essentials,
DOI 10.1007/978-3-658-16847-6_4

Tab. 4.1 Systematik der Anlässe von Coaching nach Hess, Roth & Schreyögg. (Hess und Roth 2001, S. 25)

Krisen	
individuelle	kollektive
Verbesserungswünsche	
individuelle	kollektive

Im ersten Teil werde ich den Begriff des „Selbstkonzeptes" wieder aufgreifen, um mithilfe dieses Begriffs die Konfliktlagen etwas weiter zu beleuchten. Im zweiten Teil werde ich Coachings im Rahmen der Qualifikationsphase weiter beschreiben. Dabei kommen insbesondere Abhängigkeit, Diskriminierung und Kränkungen in den Blick. Im dritten Teil werde ich mich auf Coachings bei Professoren fokussieren. Hier stehen die Themen Führung, Mikropolitik und Burnout im Zentrum. In den Abschn. 4.2 und 4.3 wird eine Reihe von Fallvignetten präsentiert. Diese Vignetten sind zusammenfassende Erzählungen von zahlreichen „Fällen" und in diesem Sinne fiktiv (Zur grundsätzlichen Problematik solcher Fallerzählungen vgl. Fahr 2007). Sie repräsentieren Beispiele wie sie sein könnten und sind aus vielen unterschiedlichen Erfahrungen zusammengesetzt. Jede Übereinstimmung mit einer realen Person ist jedoch entweder reiner Zufall oder der Ähnlichkeit der Bedingungen geschuldet.

4.1 Selbstkonzepte

Um die im Coaching bearbeiteten Themenfelder besser verstehen zu können, komme ich auf die in Abschn. 2.1 skizzierte Auffassung von Coaching nochmals zurück. Dort wurde bereits auf die Theorie der Selbstkonzepte zurückgegriffen, um die Vorgehensweise im Coaching zu verdeutlichen. Ich möchte das hier nun wieder aufgreifen und etwas weiter differenzieren.

Selbstkonzepte sind Konzepte, die Personen in der Auseinandersetzung mit ihrer Umwelt entwickeln. Sie fokussieren nicht auf die Umwelt, sondern auf die eigene Person – das Selbst – in dieser Umwelt. Sie umfassen sehr viele unterschiedliche Lebensbereiche und sind zentral für das Selbsterleben und das Wohlbefinden. Wir finden bei der Zielgruppe des Coachings im Hochschulkontext Selbstkonzepte, die wir ebenso bei allen anderen Personen in unserer Gesellschaft finden können. Dazu gehören beispielsweise Konzepte, wie Personen sich selbst im Kontakt mit anderen Menschen oder als Teil einer sozialen Gemeinschaft sehen („soziales Selbst") oder wie sie sich spezifisch als „männlich" oder „weiblich" sehen (Vgl. dazu Schachinger 2005). In der Auseinandersetzung mit dem akademischen Kontext entwickeln Personen weitere Facetten ihres Selbst, nicht zuletzt deshalb, weil die Auseinandersetzung mit dem Forschungsthema sowie mit der Organisation emotional bedeutsame Aspekte des Selbsterlebens betreffen. Darüber hinaus kommt das haupt- wie nebenberufliche wissenschaftliche Personal nicht um den pädagogischen Aspekt ihrer Tätigkeit herum. Meist wird dieser als weniger identitätsbildend beschrieben als die anderen Aspekte. Insofern jedoch Personen im akademischen Kontext meist zeit ihres Lebens sich in Lehr- und Lernprozessen befinden, stellt gerade dieser Teil der Persönlichkeit einen oft zentralen Bestandteil des Selbsterlebens dar.

- Mit dem *akademischen Selbstkonzept* bezeichne ich die Vorstellungen, welche Bedeutung die Organisation Hochschule für das eigene Selbstverständnis und -erleben hat.
- Mit dem *wissenschaftlichen Selbstkonzept* bezeichne ich die Vorstellung, die das Selbst als Wissenschaftler in dem spezifischen Forschungsfeld hat.
- Mit dem *Selbstkonzept als Lehr-Lernender* sind die Vorstellungen gemeint, die ein Mitarbeiter oder Professor von sich selbst als Lernender und Lehrender hat.

Solche Selbstkonzepte greifen teilweise auf Muster zurück, die weit in die Sozialisation hineinreichen. Wer selbst aus einem akademischen Milieu kommt, wird schon sehr früh ein akademisches Selbstkonzept entwickeln, das ihm die Vorstellung nahelegt, dass „Professor" die angemessene gesellschaftliche Stellung darstellt. Dabei ist unter Umständen das Studienfach sogar zweitrangig. Es sollte lediglich so weit dem eigenen Interesse entgegenkommen, dass keine großen Störungen zu erwarten sind. Man muss allerdings sogar damit rechnen, auf Personen zu treffen, die zwar eine Professur wollten, sich aber nicht „wirklich" für ihr Fach interessieren. Solche Konstellationen können (müssen nicht) beispielsweise für Burn-out anfällig machen. Umgekehrt lassen sich auch Personen finden, die ein ausgeprägtes wissenschaftliches Selbstkonzept haben, die sich aber nur wenig oder vielleicht sogar gar nicht mit der Organisation Hochschule verbunden fühlen. In Geisteswissenschaften lässt sich dies gelegentlich beobachten.

Im Folgenden werden zunächst einige Themen diskutiert, die m.E. im Rahmen der Entwicklung von der Promotion bis zur Habilitation eine wichtige Rolle spielen. Drei Themenfelder habe ich dafür ausgewählt: Abhängigkeit und Autonomie, Diskriminierung sowie der Umgang mit Kränkungen. Vermeintlich erwartbare Themenfelder wie *Schreibblocken* oder *Zeitmanagement* werden hier nicht besprochen. Der Grund dafür ist sehr einfach: Solche Themen bieten oft Anlass für Coachings. Sie stellen jedoch in der Regel keine eigenständigen Konfliktfelder dar. Es sind meist andere Themen, die sich hinter diesen Anliegen verbergen. „Schreibblockaden" oder „Zeitmanagement" stellen in der Regel Stichworte für Problemfelder dar, die nur ungerne direkt zur Sprache gebracht werden.

4.2 Von der Promotion zur Habilitation

Abhängigkeit und Autonomie

Oben wurde bereits beschrieben, wie sehr die Karriere des wissenschaftlichen Personals in der Phase von der Promotion bis zur Habilitation von persönlicher Abhängigkeit geprägt ist. Während auf der einen Seite den Betroffenen mit der Promotion die Fähigkeit zur wissenschaftlichen Arbeit attestiert wird, sind sie auf der anderen Seite in ihrer Forschung auf dem Weg zur Habilitation in vielen Fällen immer noch sehr persönlich abhängig.

Beispiel

Eine junge Habilitandin kommt in das Coaching. Sie berichtet von ihrer Arbeit an der Habilitation und davon, dass sie sehr wenig Unterstützung von ihrem Professor erfahre. Zwischen den beiden sei das Verhältnis sehr angespannt. Sie erhalte sehr viele Organisationsaufgaben und komme so gar nicht zu ihrer wissenschaftlichen Arbeit. Darüber hinaus mache er ihr gegenüber auch sexuelle Anspielungen. Sie wisse nicht, wie es weitergehen solle. Sie stecke mitten in ihrem Projekt. Das bringe mehrere Probleme mit sich. Einerseits benötige sie das Geld von der Mitarbeiterstelle und sie wisse nicht, wie sie sich sonst finanzieren könnte. Sie wolle ja auch die Habilitation fertigstellen. Sie meint, dass es schwierig werden dürfte einen anderen Betreuer für ihre Arbeit zu finden.

In einer solchen Konfliktlage verbinden sich häufig unterschiedliche Ebenen. Erstens spiegelt sich die hohe Abhängigkeit der wissenschaftlichen Mitarbeiter von ihrem Professor. Im Rahmen der Promotion zeigt sich, wie wenig es möglich ist, den Forschungsbereich in „Technologien" in dem oben erwähnten Sinne zu übersetzen. Der Betreuer kann in vielen Fächern nicht so einfach gewechselt werden, weil das Verständnis von Methoden, Fragestellung, Vorgehensweise und möglichen Lösungen bereits von Professur zu Professur unterschiedlich sind („Professionsorganisation"). Dies erhöht die persönliche Abhängigkeit in besonderem Ausmaß. Zweitens wird mit dem Themenfeld von Autonomie-Abhängigkeit ein emotionales Erlebnisfeld angesprochen, das bei den wenigsten Personen frei von Konflikten ist. Es ist immer eine Frage der persönlichen Grenzen, wie viel Abhängigkeit für welche Ziele akzeptabel ist und was nicht mehr mit der eigenen Person und den damit verbundenen Selbstkonzepten vereinbar ist. Insofern kann der von der Mitarbeiterin wahrgenommene Außen-Innen-Konflikt zwischen den beiden Personen auch zu einem Innen-Innen-Konflikt der Mitarbeiterin werden: ihr sich entwickelndes akademisches Selbst steht hier in einem Konflikt zu ihrer Selbstwahrnehmung als erwachsene Person, die selbstständig entscheiden kann.

Coaching kann an den unterschiedlichen Aspekten ansetzen:

- So kann im Sinne einer Selbstklärung danach gefragt werden, wie die Mitarbeiterin sexuelle Avancen in der Kommunikation zurückweist. Dabei hat dies so zu geschehen, dass die Beziehung nicht einfach zerstört wird, da sie weiterhin mit ihm zusammenarbeiten möchte.
- Die Selbstklärung könnte auch auf den Aspekt des Umgangs mit der hohen persönlichen Abhängigkeit abzielen. Im Sinne eines Innen-Innen-Konflikts könnte danach gefragt werden, welche Bedeutung Abhängigkeit und Autonomie für die Mitarbeiterin hat. Dies wird meist an vorhergehende Erfahrungen anknüpfen müssen. Häufig lassen sich dahinter Erfahrungen erkennen, die in anderen sozialen Situationen gesammelt wurden, z. B. im Umgang mit Eltern oder Lehrern.
- Auch eine weitergehende Selbstklärung, welche Karriereziele angestrebt werden, und wie diese am besten erreicht werden können, ist bei dieser Problemkonstellation denkbar.

Auch hinsichtlich der Lehre kommen Autonomie-Abhängigkeitskonflikte vor. In ihrem zweiten wesentlichen Arbeitsfeld – der Lehre – sind wissenschaftliche Mitarbeiter in der Regel ohne Vorkenntnisse; meist fehlt ihnen eine angemessene Vorbereitung. Nicht selten geraten sie so in Rollenkonflikte. Sie orientieren sich einerseits an dem Lehrformen, die ihnen vorgelebt wurden, treffen gleichzeitig jedoch auf Studierende und ein Umfeld, das eine deutlich höhere Lehrkompetenz von ihnen verlangt. Gleichzeitig erhalten sie die Botschaft, dass Lehre für ihre Karriere keine Bedeutung habe.

Diskriminierung

Offene Diskriminierungsformen dürften an Hochschulen kaum vorkommen. Dies schließt nicht aus, dass es eine Reihe von impliziten und weniger offenen Diskriminierungen gibt. So gibt es viele Forschungen, die zeigen, dass das akademische Berufsethos Frauen benachteiligt. Während einige Forschungsergebnisse zur Kompensation dieser Benachteiligung auch hinsichtlich des Coaching vorliegen, bleibt der zweite Aspekt der Diskriminierung eher unterbelichtet. Der soziale Habitus an den Hochschulen diskriminiert nämlich Personen aus den sogenannten „bildungsfernen Schichten" bzw. den nicht-akademischen Milieus. Ich konzentriere mich hier auf diesen zweiten Aspekt, da er meist viel weniger im Blickpunkt der Öffentlichkeit steht. Über beide Aspekte informieren umfassend (Hüther und Krücken 2016).

Beispiel

Eine Habilitandin kommt in das Coaching. Sie berichtet davon, dass sie sich persönlich sehr abhängig von ihrem Professor fühle. Er fordere von ihr auch die Teilnahme an Kongressen. Bei diesen Kongressen gibt es immer wieder informelle Zusammenkünfte. Der Small Talk in den Pausen beispielweise falle ihr sehr schwer. Sie wisse dann nicht, was sie sagen solle. Sie fühle sich oft verunsichert, da auch verschiedene „Koryphäen" dabei „aufsprechen" und sich ihrer Meinung nach wichtig tun. Im weiteren Verlauf des Coachings wird sehr deutlich, dass sie nicht nur bestimmte wissenschaftliche Aspekte anders sieht, sondern dass sie auch aufgrund ihres persönlichen Hintergrundes sich verunsichert fühle. Sie berichtet schließlich davon, dass in ihrer Herkunftsfamilie es einerseits eine gewisse Bewunderung dafür gibt, dass sie an der Universität tätig ist, andererseits aber auch kein wirkliches Verständnis für ihre Arbeit vorhanden sei. Niemand in der Familie könne sich wirklich vorstellen, was sie da tue. Sie habe auch Angst davor, dass sie sich damit von ihrer Familie entfremde. Gleichzeitig habe sie bei den Kongressen das Gefühl, dass sie dort eigentlich nichts verloren habe. Der selbstgewisse Habitus irritiere und verunsichere sie.

Die Benachteiligung von Personen aus dem nicht-akademischen Milieus findet meist über den sogenannten Habitus statt. Soziologische Forschung zeigt, dass Personen aus den verschiedenen Milieus sich an vielen informellen Zeichen erkennen. Dazu kann Kleidung, Sprache, aber auch das Auftreten in der Öffentlichkeit gehören. Für die Betroffenen selbst ist der Milieu-Wechsel häufig mit erheblichem psychischem Aufwand verbunden, da er nicht selten bedeutet, sich von dem vertrauten Milieu zu entfernen. Ein Problem was Angehörige anderer Milieus nicht haben. Dies hat nichts mit der Intelligenz der Betroffenen zu tun; sie können vielmehr hervorragende Wissenschaftler oder Lehrende sein. Die Mechanismen dieser sozialen Ausgrenzung werden im Coaching oft sehr deutlich. In diesem Beispiel verschränken sich erneut verschiedene Ebenen, die im Coaching thematisiert werden können. Im Mittelpunkt steht auch hier die Selbstklärung der Klientin:

- Im Sinne eines Innen-Innen-Konflikts kann es sich um die verschiedenen und teils entgegengesetzten Wünsche handeln. Einerseits wünscht sich die Klientin, ihren wissenschaftlichen Interessen nachzukommen; dazu gehört auch die Präsentation von Ergebnissen auf Kongressen. Andererseits wünscht sie sich auch, sich nicht zu sehr von ihrem Herkunftsmilieu abzusondern. Im Erleben kann dies auch zu einem Konflikt zwischen der Scham, solche Situationen nur schlecht zu bewältigen, und der Schuld, sich gezielt von dem Herkunftsmilieu abzusondern, führen. Aufgabe im Coaching kann es dann sein, diesen Konflikt transparenter zu machen und nach Wegen der Lösung zu suchen. Dies kann die „Erlaubnis" sein, den Weg zu gehen, oder auch eine angeleitete Beobachtung, wie andere Personen sich in diesen Situationen verhalten, und über den Weg der Nachahmung den Widerspruch zu verringern.

- Im Sinne eines Innen-Außen-Konflikts kann es darum gehen, die sozialen Strukturen transparenter zu machen. Ziel ist es dann, die Situation nicht als ein individuelles Versagen zu verstehen, sondern sie zu begreifen als einen Ausdruck von sehr harten sozialen Strukturen. Die Frage kann dann eher sein, wie es möglich ist, mit diesen harten Strukturen umzugehen, welche Einflussmöglichkeiten es gibt oder auch die Passung zu den eigenen Werthaltungen zu prüfen. Dies kann auch dazu führen, dass eine Suche nach beruflichen Alternativen einsetzt.

Umgang mit Kränkungen

Kränkungen sind keine objektiven Kategorien, sondern stets im Erleben des Betroffenen verankert. So kann für den Einen Kränkung sein, was für den Anderen ein nur geringes Problem darstellt. Dies bedeute jedoch nicht, dass strukturell es nicht eine Reihe von Kränkungen im Hochschul-System gibt.

Beispiel

Ein Habilitand hat eine 100-%-Stelle. Der Schwerpunkt der Stelle sei jedoch nicht die Habilitation, sondern eine Serviceleistung für eine angeschlossene Einrichtung. Nach mehreren Jahren der Zusammenarbeit mit einem neuen Chef, habe er erkannt, dass es keinen Sinn mache auf der Stelle zu bleiben. Er habe begonnen sich neu beruflich zu orientieren, da der Konflikt mit dem Chef nicht lösbar sei, da sie in zentralen Aufgaben und Zielsetzungen nicht miteinander übereinstimmen. Trotz seiner bereits erfolgten, aber nicht kommunizierten Entscheidung, sich anders zu orientieren, verbleibt er aus strategischen Gründen noch für einige Monate auf der Stelle. Der Abschied habe sich dann „hässlich" gestaltet. Obwohl er viele Jahre für die Einrichtung erfolgreich gearbeitet habe, sei er von den mächtigsten Mitgliedern des Gremiums am Ende quasi ignoriert worden. Er habe sich selbst verabschieden müssen, da es niemand für notwendig hielt, auch nur den Abschied zu kommunizieren.

Obwohl er also die Zeichen früh erkannt habe und selbst über seinen Weg entschieden habe, habe er dies als kränkend empfunden.

Kränkungen sind oft ein Beispiel für die Stress-Inkongruenz. Selbst bei einer gut vorbereiteten und begründeten Änderung in der Laufbahn hat ein solcher „Berufswechsel" oft eine hohe Stressbelastung. Die Folgen für das Selbsterleben mit seinem Komponenten wie dem akademischen Selbstkonzept sind gravierend, wenn im Lauf von zehn oder fünfzehn Jahren eine hohe Identifikation mit dem „System Hochschule" entstanden ist. Im Coaching können hier vielleicht die folgenden Aspekte thematisiert werden:

- Im Sinne der Selbstklärung, können im Rückblick die individuellen Anteile des Klienten im äußeren Konfliktgeschehen geklärt werden. Wie hat er den Konflikt wahrgenommen? Wie hat er auf den Konflikt reagiert? Welche Schritte zu einer Konfliktlösung hat er unternommen? Damit können Innen-Innen-Konflikte, die zu einer Eskalation des Konfliktes beigetragen haben, aufgeklärt werden.
- Im Sinne einer Stressverarbeitung können die belastenden Erfahrungen gemeinsam betrachtet werden. Ziel könnte ein „mentales Stressmanagement" (Kaluza 2011, S. 51) sein, indem es z. B. darum geht, die vergangene Zeit auch in ihren positiven Aspekten zu würdigen, die konstruktiven Konfliktstrategien zu verdeutlichen oder eine positiven Sinn in der Erfahrung zu finden.
- Im Sinne eines Innen-Innen-Konflikts sind häufig Fragen von Schuld und Verantwortung ein Thema. Es kann viele Gründe dafür geben, eine Habilitation nicht zu beenden. Das „System Hochschule" tendiert jedoch dazu, eine „Schuld für das Versagen" zu konstruieren und dies den Habilitierenden zu geben. Da die Anzahl der Habilitationen und Promotionen ein Erfolgsfaktor ist, müssen die Gründe für gescheiterte Vorhaben extern gesucht werden. Diese Art der Stressbelastung kann im Coaching insofern bearbeitet werden, als die Gründe nochmals in einer rationaleren Perspektive beleuchtet werden, und das Thema Schuld relativiert wird.

4.3 Die Zeit der Professur

Wie in dem vorhergehenden Abschnitt werden einige Themen hier illustriert, die im Coaching bearbeitet werden können. Aus dem 3. Kapitel dürfte deutlich geworden sein, dass diese Probleme auch aus der Struktur der Organisation Hochschule erwachsen. Wie im Abschn. 4.2. wird es auch hier darum gehen herauszuarbeiten, welche Aspekte in einem Coaching geklärt werden können. Im Mittelpunkt wird hier auch wieder die Selbstklärung des Klienten stehen. Ich greife drei Themen auf: Mikropolitik, Führung und Burn-out.

Mikropolitik

In Organisationen arbeiten Personen zusammen, die nicht allein auf das Ziel der Organisation ausgerichtet sind. Vielmehr verfolgen sie ihre eigenen individuellen Interessen. Um diese Interessen durchzusetzen, muss in der Regel „Macht" aufgebaut werden. Dazu gibt es viele verschiedene Strategien. Der Bereich der Mikropolitik ist der Bereich der „informalen Regeln" einer Organisation. Wer individuell „Macht" aufbauen will an einer Hochschule, um seine Ziele zu erreichen, wird sich an die nicht kommunizierten Regeln halten müssen, ob er will oder nicht. Dies gilt insbesondere für den Bereich der Hochschulen, in denen formale Regeln und Hierarchien nicht oder nur unzureichend ausgebildet sind, sobald es sich um den Machtbereich von Professuren handelt. Die Organisation von Hochschulen basiert hier auf den kommunikativen Einigungsprozessen der Professoren, die oft nur sehr bedingt rationalen Regeln folgt.

Beispiel

Frau A. hat seit einiger Zeit eine Professur in einem technischen Bereich übernommen. Der gesamte Arbeitsbereich wird dominiert von einem älteren Professor, der nicht nur eine persönliche starke Machtstellung in dem Arbeitsbereich hat, sondern darüber hinaus auch in wichtigen Gremien außerhalb der Universität gut verankert ist. Das Auftreten dieses Kollegen erlebt sie als extrem dominant, arrogant und wenig kommunikativ. Dieser Einfluss ist durchaus Angst erzeugend, da es auch um Projektgelder, Mitarbeiterstellen, Verteilung organisatorischer Arbeiten usw. geht. Aktuell fühlt sich die Klientin eher handlungsunfähig und dieser Struktur ausgeliefert.

Coaching wird hier wieder auf den Selbstklärungsprozess der Klientin fokussieren, da es im Rahmen des Coachings keine Möglichkeit gibt, die Struktur zu verändern. In dem Beispiel könnten folgende Themen möglicherweise besprochen oder Ziele verfolgt werden:

- Im Sinne einer *Stressreduktion* könnte nach den veränderbaren und den nicht veränderbaren Anteilen der Situation gesucht werden. Es können Überlegungen dazu angestellt werden, wie auf die veränderbaren Situationsanteile

Einfluss genommen werden kann. Darüber hinaus können Wege gesucht werden, wie die nicht veränderbaren Situationsanteile besser ertragen werden können.

- Im Sinne der *Innen-Außen-Konflikte* ließe sich gemeinsam untersuchen, welche zentralen Ziele und Werte der Klientin verletzt werden. Dabei zeigen sich nicht selten durchaus veränderbare Situationsdeutungen, die ein gelasseneres Ertragen der Situation ermöglichen können.
- Im Sinne von *Innen-Innen-Konflikten* kann untersucht werden, welche Aspekte der Persönlichkeit der Klientin sich gegen diese Macht „auflehnen", welche Erfahrungen damit verbunden sind, und welche Aspekte der Persönlichkeit die Situation viel gelassener ertragen oder sie für gar nicht so wichtig halten.
- Im Sinne der Klärung der eigenen kommunikativen Haltung, können die verschiedenen Aspekte der Kommunikation geklärt werden. Welche inhaltlichen Punkte sollen im Rahmen von Verhandlungen mit dem Kollegen geklärt werden („Sachaspekt")? Was möchte die Klientin, dass ihr Kontrahent tut („Appellebene")? Was möchte sie dabei von sich selbst zeigen („Selbstoffenbarung")? Und wie sieht sie die Beziehung zu dem Kollegen („Beziehungsebene")? Die Klärung der unterschiedlichen Aspekte der Kommunikation kann der Klientin helfen, modellhaft sich gut auf eine solche Verhandlungssituation vorzubereiten.

Meines Erachtens ist es in diesen mikropolitischen Situationen für viele Klienten entlastend, wenn ihnen die „Normalität" dessen, was sie erleben, vermittelt wird. Der starke Individualismus an den Hochschulen führt dazu, dass sie solche Situationen häufig in einer personalisierten Perspektive wahrnehmen. Damit ist gemeint, dass Konflikte, die durch die spezifischen sozialen Strukturen der Organisation Hochschule unausbleiblich sind, so wahrgenommen werden, dass sie den Persönlichkeitseigenschaften der Beteiligten zugeschrieben werden. Das Gegenüber wird als „dominant", „arrogant" oder „aggressiv" wahrgenommen anstatt zu sehen, dass die „Freiheit von Forschung und Lehre" organisatorisch zu einer Individualisierung des Kampfes um Ressourcen führt.

Führung

Führung gehört unbestritten zu den zentralen und wichtigen Coaching-Themen. Coaching wird meist sogar explizit mit dem Thema Führung in Verbindung gebracht; zum Teil wird die Tätigkeit „führen" mit in die Definition des Coaching aufgenommen. Führung wurde an den Hochschulen, insbesondere den

Universitäten, mit dem Wandel der Förderungsstrukturen wichtiger. Die wesentlich stärkere Bedeutung von Drittmitteln führte in vielen Bereichen dazu, dass immer größere Arbeitsgruppen etabliert wurden. Dies gilt auch zunehmend für Bereiche, die nicht traditionellerweise ein solches Arbeitsgruppenkonzept verfolgt haben (wie beispielsweise in den Naturwissenschaften). Das bisherige Konzept, dass Führung vor allem inhaltliche Anleitung weitestgehend selbstständig tätiger wissenschaftlicher Mitarbeiter bedeutet, wird vor diesem Hintergrund problematisch. Arbeitsgruppen beispielsweise in technischen oder naturwissenschaftlichen Bereichen können eine erhebliche Größe erreichen.

Viele der im Grunde notwendigen Maßnahmen, um solche Teilorganisationen der Hochschule zu strukturieren, scheitern oft. Viele Gründe lassen sich dafür anführen. So ist es häufig schwierig, geeignete Zwischenebenen einzuziehen. Besteht eine solche Arbeitsgruppe beispielsweise aus 4 Habilitierenden und 40 Promovierenden, wäre es naheliegend, die Habilitierenden als eine Zwischenebene zu etablieren. Aufgrund dessen, das Forschungs- und Lehrprozesse aber nicht einfach rational zerlegt und überprüfbar gemacht werden können, führt eine solche Maßnahme oft nur dazu, die Verwirrung zu erhöhen. Für die Doktoranden ist unter Umständen dann nicht mehr klar, welche Vereinbarung mit wem am Ende am wichtigsten ist oder sie führt dazu, dass Habilitierende und Professoren gegeneinander ausgespielt werden. Das folgende Fallbeispiel zeigt einige Aspekte des Führungsthemas auf.

Beispiel

Herr A. wurde vor einiger Zeit auf eine Professur berufen. In dem Institut werden auch Absolventen für das Lehramt in großer Zahl ausgebildet. Für den Unterricht wurde bereits vor längerer Zeit eine entfristete Mitarbeiterstelle geschaffen. Herr A. findet zu der Mitarbeiterin keinen persönlichen Zugang und hat das Gefühl, dass der Bereich nicht ausreichend gut organisiert ist und daher immer wieder viele Aufgaben an ihm „hängen" bleiben, die eigentlich nicht in den Kernbereich seiner Tätigkeit gehören. Der Coach bereitet gemeinsam mit Herrn A. das Gespräch mit der Mitarbeiterin vor. Dabei steht die Selbstklärung von Herrn A. im Mittelpunkt. Welche Erwartungen hat er an die Mitarbeiterin? Wie wurden diese Erwartungen mitgeteilt? Welche Schwierigkeiten in der Kommunikation miteinander gibt es?

Folgende Themen könnten im Rahmen eines Coaching bearbeitet werden:

- Klärung des Selbstkonzepts des Klienten. Welche Bedeutung hat für ihn Führung? Welche grundlegenden Erfahrungen verbindet er mit den Themen

führen und geführt werden? Welche (impliziten) Erwartungen gehen damit an die Mitarbeiterin einher?
- Innen-Innen-Konflikte: Auf der einen Seite möchte der Klient mit der Mitarbeiterin fair umgehen und sie nicht verlieren auf der anderen Seite steigt zunehmend Aggression in ihm auf; einerseits will er fair sein, andererseits will er auch Respekt und Anerkennung seiner Führungsrolle.
- Klärung des kommunikativen Verhaltens auf der Sach-, Appell-, Beziehungs- und Selbstoffenbarungsebene.

Die wenigsten Professoren sind auf eine Führungsaufgabe vorbereitet. Ähnlich wie in der Lehre sind die eigenen „Chefs" während der Qualifikationsphase meist Rollenvorbilder, die nachgeahmt werden. Dabei wird in der Regel nicht das gesamte Vorbild übernommen. Es werden vielmehr Korrekturen vorgenommen. Einzelne Aspekte werden kritisch gesehen und der Klient hat sich zum Ziel gesetzt, dies irgendwann besser als das Vorbild zu machen. So hat auch Herr A. sich aus seiner Wahrnehmung heraus besonders kommunikativ verhalten. Er sei nun jedoch enttäuscht über die Mitarbeiterin, da sich diese nicht kooperativ zeige, wie er erwartet habe. Hier kann es wichtig sein, die Erwartungen an die Mitarbeiterin zu klären und die impliziten Vorstellungen einer guten Mitarbeiterin zu thematisieren. Darüber hinaus sind auch implizite Machtkonflikte an Hochschulen immer wieder in den Blick zu nehmen. So kann eine langjährige entfristete Mitarbeitern, die seit vielen Jahren einen bestimmten Arbeitsbereich betreut, es als degradierend oder eine Beschneidung der Autonomie ansehen, wenn der neue Professor hier Veränderungen vornimmt. Nicht selten spielen Interessenskonflikte dabei eine Rolle, da insbesondere die Ziele von solchen Mitarbeiterstellen nur unzureichend in einen Klärungsprozess mit aufgenommen werden. Meiner Erfahrung nach ist es bereits entlastend für die Klienten, wenn grundlegende Erkenntnisse der Führungstheorie mit ihnen besprochen werden. So hilft vielen bereits die Unterscheidung von „consideration" (die Sorge um die Mitarbeiter) und „initiating structure" (als die Etablierung von Strukturen von Arbeitsbereichen und das sich Kümmern um die inhaltlichen Aspekte der Tätigkeit) um deutlich werden zu lassen, dass auch an Hochschulen nicht einfach die „Sache" im Mittelpunkt steht.

Burn-out

Wie bei Politikern gehört Burn-out an den Hochschulen zu den noch wenig besprochenen Themen. Erst in den letzten Jahren erscheinen Beiträge in Zeitschriften, aber – so weit zu sehen ist – noch keine Studien im deutschsprachigen

Raum. Bereits vor einigen Jahren griff die *Zeit Online* das Thema „Prof. Dr. Depressiv“ (Spiewack 2011) in einem Beitrag auf.

Viele Aspekte der Organisation Hochschule tragen dazu bei, dass das wissenschaftliche Personal an Erschöpfung zu leiden beginnt. Hier geht es nicht um eine umfassende Analyse, sondern lediglich um einige Hinweise auf die Ursachen. Wie bereits dargestellt, ist die Hochschulkarriere oft von großer Unsicherheit geprägt; nur wenige Mitarbeiter haben eine Chance auf eine dauerhafte Stelle obgleich sie sich über viele Jahre dafür erheblich angestrengt haben. Nach diese Dauerbelastung beginnt mit der Übernahme einer Professur aber nicht eine ruhigere Zeit; vielmehr gehen die Belastungen weiter. Die Auseinandersetzung mit der Mikropolitik des eigenen Instituts oder der eigenen Hochschule gehört ebenso zu den Belastungsfaktoren wie die fehlende Vorbereitung auf wesentliche Aspekte der Tätigkeit wie die Führung größerer Gruppen von wissenschaftlichen oder nichtwissenschaftlichen Mitarbeitern. In der Lehre wird oft an überkommenen Traditionen festgehalten, die weder den Lernprozess der Studierenden fördern noch den Professoren Freude bereiten; sie signalisieren aber im System, dass es sich um einen „guten Professor“ handele.

Beispiel

Herr C arbeitet seit vielen Jahren intensiv in seinem Fachgebiet. Seit er den Lehrstuhl übernommen hat, sind ihm jedoch viele Aufgaben zugewachsen, die ihm keinen rechten Sinn mehr vermitteln wollen. Administrative und organisatorische Aufgaben überwiegen so sehr, dass er den Kontakt zu seinem Forschungsgebiet weitestgehend verloren hat. Herr C ist sich bewusst, dass er diese nicht mehr sehr lange durchhalten kann.

Burn-out ist ein gravierendes Thema, das von den Coaches ein klares Verständnis der eigenen Kompetenz erfordert. Ein wichtiges Thema kann dabei sein, die Klienten an geeignete Hilfeeinrichtungen weiter zu verweisen und ihnen zu helfen, die eigene Erkrankung im ersten Schritt zu akzeptieren, und ihnen damit zu helfen, weitergehende Hilfsmaßnahmen in Anspruch zu nehmen. Oft geht es jedoch mehr um die Burn-out-Prävention im Arbeitsleben (Fengler 2013), und das ist ein wichtiges Thema für das Coaching. Folgende Themen können im Rahmen eines Coaching bearbeitet werden:

- Umgang mit Stress. Wir haben bereits in den Abschnitten zu der Mikropolitik wie zum Thema Führung gesehen, dass Entlastung ein wichtiges Thema in Hochschul-Coachings darstellt. Innere Antreiber können sichtbar gemacht werden, gängige Ideologien müssen relativiert werden.

- Vielfach kann die Analyse von Innen-Innen-Konflikten hier weiterhelfen. Sie zeigen, welche widersprüchlichen Impulse die Klienten daran hindern, Aufgaben abzulehnen oder tradierte, aber sinnlose Aufgaben einfach fallen zu lassen.
- Die Thematisierung der zugrunde liegenden Selbstkonzepte kann häufig ebenso hilfreich sein. Sie zeigen ähnlich wie die Analyse der Innen-Innen-Konflikte auf, welche Annahmen über die eigene Person klare Abgrenzungen verhindern.

Insgesamt lässt sich sagen, dass die Burn-out-Prävention eine größere Bedeutung für das Coaching an der Hochschule gewinnen wird. Aufgrund der meist hohen Konkurrenzsituation einerseits und der Verhandlungsstruktur über wichtige gemeinsame Anliegen innerhalb des Kollegenkreises sind offene Gespräche unter Kollegen über dieses Thema kaum möglich. Wer erschöpft ist gibt sich in einem solchen Kontext eine Blöße und setzt sich dem Verdacht aus, nicht für seine Stelle geeignet zu sein.

5 Zusammenfassung

Die vorhergehenden Seiten haben einen Überblick über den hier verwendeten Begriff des Coaching gegeben. Sie haben wesentliche Strukturen der Arbeitswelt „Hochschule“ skizziert. Und schließlich wurde anhand von fiktiven Beispielen aufgezeigt, welche Themen in einem personzentrierten Coaching bearbeitet werden können.

- Coaching-Prozesse zielen auf Selbstklärung der Klienten; dies ist nicht zuletzt deshalb so, weil die sozialen Strukturen der Organisation Hochschule eine sehr hohe Veränderungsresistenz haben.
- Jenseits von Exzellenz und Elite sind Hochschulen soziale Orte, an denen zahlreiche soziale Mechanismen wirksam sind. Dies führt dazu, dass Personen mit sehr hoher Begabung in andere Laufbahnen umschwenken. Coaches tun gut daran, die Hochschulen aus einem realistischen Blickwinkel zu betrachten.
- Coaches benötigen die Bereitschaft, kritisch die Ergebnisse der Hochschulforschung zu rezipieren um einen kritisch-distanzierten Blick auf die Hochschulen zu gewinnen. Nur so können sie ihren Klienten helfen, sich selbst zu klären.
- Coaching- und Hochschulforschung sind dazu aufgerufen, mehr empirische Informationen über Hochschul-Coachings und ihre Bedingungen zur Verfügung zu stellen.

U. Fahr, *Coaching an der Hochschule,* essentials,
DOI 10.1007/978-3-658-16847-6_5

Was Sie aus diesem *essential* mitnehmen können

- Personzentriertes Coaching legt einen besonderen Akzent auf die Diagnostik, d. h., sie stellt die Person des Ratsuchenden in den Mittelpunkt und versucht, mit ihr die individuellen Perspektiven zu klären; dabei verzichtet sie darauf, Coaching zu einem Fitmacher zu stilisieren.
- Der akademische Lebenslauf zwischen der Promotion bis zur Pensionierung/Emeritierung stellt je nach Hochschultyp die Folie für das Coaching bereit. Die unsichere Karriere bis zum ersten Ruf ist für das wissenschaftliche Personal mit großen persönlichen Belastungen verbunden. Die Besonderheit der Organisation Hochschule bringt auch in der Zeit der Professur schwierige Fragen mit sich, da die organisationalen Strukturen mikropolitische Verhaltensweisen erfordern. Diese Strukturen bringen die Betroffenen oft in persönlich schwierige Situationen.
- Im Coaching können individuelle Aspekte geklärt werden; Coaching führt zu einer Selbstklärung, die zu einer verbesserten Kommunikation innerhalb eines nur bedingt rationalen Organisationssystems führen kann.

U. Fahr, *Coaching an der Hochschule*, essentials,
DOI 10.1007/978-3-658-16847-6

Literatur

Bergel, S. (2008). Schwieriges Terrain für Berater: Weiberbildungsmarkt Hochschule. *managerSeminare, 129,* 58–63.

Boeckh, A. (2008). *Methodenintegrative Supervision: Ein Leitfaden für Ausbildung und Praxis. Leben lernen* (Bd. 210). Stuttgart: Klett-Cotta.

Brüning, A. (2009). Coaching für neu berufene Hochschullehrer/innen Marketingwirkung beim Recruiting. In C. J. Schmidt-Lellek & A. Schreyögg (Hrsg.), *Praxeologie des Coaching* (S. 229–240). Wiesbaden: VS Verlag. doi:10.1007/978-3-531-91825-9_17.

DBVC e. V. (Hrsg.). (2012). *Leitlinien und Empfehlungen für die Entwicklung von Coaching als Profession: Kompendium mit den Professionsstandards des DBVC* (4. erweiterte Aufl.). Osnabrück: DBVC-Geschäftsstelle.

DGSv e. V. (Hrsg.). (2003). *Ethische Leitlinien.* Köln: DGSv.

Fahr, U. (2007). Medizinethische Fallberichte und das Privileg des Erzählers. In R. Porz, C. Rehmann-Sutter, & J. L. Scully (Hrsg.), *Gekauftes Gewissen? Zur Rolle der Bioethik in Institutionen* (S. 199–220). Paderborn: Mentis.

Fengler, J. (2013). *Burnout-Prävention im Arbeitsleben: Das Salamander-Modell. Leben lernen* (Bd. 258). Stuttgart: Klett-Cotta.

Guenther, S. (2015). Coaching in der Hochschuldidaktik – oder doch eher eine didaktisch-methodische Beratung? *Organisationsberatung, Supervision, Coaching, 22*(4), 447–457. doi:10.1007/s11613-015-0439-8.

Hess, T., & Roth, W. L. (2001). *Professionelles Coaching: Eine Expertenbefragung zur Qualitätseinschätzung und -entwicklung.* Heidelberg: Asanger.

Hubrath, M. (2009). Coaching für neu berufene Professor/innen. *Organisationsberatung, Supervision, Coaching, 16*(2), 202–211. doi:10.1007/s11613-009-0124-x.

Hüther, O., & Krücken, G. (2016). *Hochschulen: Fragestellungen, Ergebnisse und Perspektiven der sozialwissenschaftlichen Hochschulforschung. Research.* Wiesbaden: Springer VS.

Kaluza, G. (2011). *Stressbewältigung: Trainingsmanual zur psychologischen Gesundheitsförderung; mit 18 Tabellen* (2., vollständig überarb. Aufl.). Berlin: Springer.

Klinkhammer, M. (2011). Life-Coaching von Wissenschaftler/-innen in der Praxis. In C. J. Schmidt-Lellek (Hrsg.), *Life-Coaching in der Praxis. Wie Coaches umfassend beraten* (S. 251–270). Göttingen: Vandenhoeck & Ruprecht.

U. Fahr, *Coaching an der Hochschule,* essentials,
DOI 10.1007/978-3-658-16847-6

Klinkhammer, M. (2013). Charakteristika und Belastungen des Arbeitsplatzes Hochschule. *Organisationsberatung, Supervision, Coaching, 20*(3), 307–318. doi:10.1007/s11613-013-0329-x.

Klinkhammer, M. (2016). Coaching für Wissenschaftler/innen. In R. Wegener, M. Loebbert, & A. Fritze (Hrsg.), *Coaching-Praxisfelder* (S. 63–93). Wiesbaden: Springer Fachmedien. doi:10.1007/978-3-658-10171-8_5.

Klinkhammer, M., & Frohnen, A. (2016). Zwischen Exzellenz und Existenzsicherung. In R. Wegener, M. Loebbert, & A. Fritze (Hrsg.), *Zur Differenzierung von Handlungsfeldern im Coaching* (S. 185–198). Wiesbaden: Springer Fachmedien. doi:10.1007/978-3-658-12140-2_14.

Marton, F., & Säljö, R. (1976a). On qualitative differences in learning: I Outcome and process. *Journal of Educational Psychology, 46,* 4–11.

Marton, F., & Säljö, R. (1976b). On qualitative differences in learning: II Outcome as a function of the learner's conception of the task. *Journal of Educational Psychology, 46,* 115–127.

Möller, H., & Kotte, S. (Hrsg.). (2013). *Diagnostik im Coaching: Grundlagen, Analyseebenen, Praxisbeispiele.* Berlin: Springer.

Neumann-Wirsig, H. (Hrsg.). (2009). *Praxishandbuch Beratung. Supervisions-Tools: Die Methodenvielfalt der Supervision in 55 Beiträgen renommierter Supervisorinnen und Supervisoren* Bonn: managerSeminare.

Rauen, C. (Hrsg.). (2009). *Coaching – Tools. Erfolgreiche Coaches präsentieren 60 Interventionstechniken aus ihrer Coaching-Praxis.* (2., überarb. Aufl.). Bonn: managerSeminare.

Rauen, C. (2014). *Coaching: Bd. 2 Praxis der Personalpsychologie* (3., überarb. und erw. Aufl.). Göttingen: Hogrefe.

Schachinger, H. E. (2005). *Das Selbst, die Selbsterkenntnis und das Gefühl für den eigenen Wert: Einführung und Überblick* (2., überarb. und erg. Aufl.). *Programm Huber: Psychologie Sachbuch.* Bern: Huber.

Schulz von Thun, F. (1981-). *Miteinander reden. Rororo-Sachbuch.* Reinbek: Rowohlt.

Schumacher, E.-M. (2012). Coaching- und Beratungsanliegen von Hochschullehrenden. *Organisationsberatung, Supervision, Coaching, 19*(1), 7–19. doi:10.1007/s11613-012-0269-x.

Speierer, G.-W. (2006). Das Differenzielle Inkongruenz Modell (DIM). In U. Straumann (Hrsg.), *Personzentriertes Coaching und Supervision. Ein interdisziplinärer Balanceakt* (S. 103–116). Kröning: Asanger.

Spiewack, M. (2011). Prof. Dr. Depressiv: Lehrende an deutschen Hochschulen sind so produktiv wie nie – gleichzeitig häufen sich psychische Probleme. http://www.zeit.de/2011/45/Professoren-Burnout.

Statistisches Bundesamt (Destatis). (2016). Personal an Hochschulen- Vorläufige Ergebnisse – 2015. https://www.destatis.de/DE/Publikationen/Thematisch/BildungForschungKultur/Hochschulen/PersonalVorbericht5213402158004.pdf?__blob=publicationFile.

Straumann, U. (Hrsg.). (2006). *Personzentriertes Coaching und Supervision: Ein interdisziplinärer Balanceakt.* Kröning: Asanger.

Warschburger, P. (2009). Beratungsprozess. In P. Warschburger (Hrsg.), *Beratungspsychologie. Mit 29 Tabellen* (S. 39–79). Heidelberg: Springer.

Wirth, A. (2013). Wie groß ist die Berufungschance? Der Stellenmarkt für Hochschullehrer 2011. *Forschung & Lehre, 20*(12), 1002–1007.